어설프게 어른이 되었다

어설프게 어른이 되었다

대한민국을 살아가는 어쭙잖은 어른의 이야기

김기수 산문집

작가 고유의 글맛을 살리기 위해

'한글 맞춤법'에 맞지 않는

일부 문장 및 표현은 수정하지 않았습니다.

얼른 어른이 되고 싶었다. 정확하게 말하자면 근사한 어른이 되고 싶었다.

일단 어른만 되고 나면 티비나 영화 속에 나오는 키 크고 잘생긴 형들처럼 멋진 어른이 될 것이라 믿었다. 근사한 집에 혼자 살며, 멋들어진 차를 몰고 높은 빌딩으로 출근하는 그런 어른이 될 것이라 생각했었다.

근거는 없었지만 나는 꼭 그렇게 될 것이라 믿었기 때문에, 내 기준에 멋지지 않은 평범한 어른을 보면서, '나는 저렇게 살지 말아야지', '내가 하면 훨씬 나을 텐데' 처럼 같잖은 시건방도 떨었다.

어른이 되는 데 큰 노력이 필요하진 않았다. 배고프면 먹고, 졸리면 자고, 싸고 싶으면 쌌을 뿐인데 어느덧 사회가 인정하는 어른이 되었다. 더 이상 보호자의 동의가 필요치 않게 됐고, 원한다면 술, 담배도 마음대로 살 수 있는 어른이 됐다.

그런데 뭔가 이상했다. 어릴 때 생각했던 것만큼 근사하지가 않았다. 근사하기는커녕 어설프고 어리숙하기만 했다. 아직은 때가 아니라서 그런 것이라 생각했었다. 이제 막 성인이 됐으니, 주어진 삶을 열심히 살면 내가 생각했던 멋진 어른이 될 수 있으리라 생각했다.

주어진 삶에 매 순간 최선을 다했다. 누군가는 그게 최선이었냐고 반문할 수도 있겠으나, 내 딴에는 그게 최선이었다. 하지만 나의 최선에도 불구하고 멋진 어른이 되는 일은 요원했다. 이미 사회적, 생물학적 어른이 됐음에도 나의 생활은 여전히 부족하고 가난하며 무엇보다 어설프다. 어릴 적 바랐던 영화 속 멋진 어른의 모습은 내 것이 아니었고, 흉내를 내기에 급급한 어설픈 어른의 모습이 나의 것이었다.

어른이 된다는 건 낭만보다는 현실적인 이야기에 가까웠다. 폼나고, 럭셔리한 이야기가 아니라 일상적이고 보편적인 이야기였다. 매일매일 마주하는 일상에 어른으로서의 삶이 녹아 있었고, 그 일상을 소화해내는 게 어른인 것 같았다.

어른이 되면 '특별한' 삶을 살 것이라는 기대와 달리, '보통의, 평범한' 삶을 살게 되고, 그 실망감에도 불구하고 나의 일상을 꿋꿋하게 살아가는 게 어른이 되는 것이 아닐까 생각했다. 이 모진 과정을, 어설프게 어른이 돼 버린 모든 존재들이 겪어냈고 또 겪어내고 있는 것이 아닌가 생각했다.

　그 모든 어설픈 어른들과 공감대를 형성하고 싶었다. 누구나 어른이 된 일상에서 겪을 법한 이야기들을 전하며, 당신만 이 매몰차고 외로운 과정을 겪는 것이 아니라는 동질감을 전하고 싶었다. 어릴 적 생각했던 것보다 멋지지 않은 어른의 삶을 살게 됐으나, 그건 당신만 그런 것이 아니라 나 역시도, 아니 어쩌면 우리 모두 그런 삶을 살고 있는 것이라 말하고 싶었다.

이건 어설프게 어른이 된 나의 이야기이다.
이건 어설프게 어른이 된 당신의 이야기이다.
이건 어설프게 어른이 된 우리 모두의 이야기이다.
'어른이 된다는 것' 그 이면에 숨겨진 삶의 모습들을 당신과 나누고 싶다.

- 어설픈 어른이 어설픈 어른에게. **김 기 수**

Contents

Contents

Contents

'어른이 된다는 것'

그 이면에 숨겨진 것들에 대하여.

하
나

1

특별하게 태어나 보통의 존재로 살아간다.

우리는 모두 '특별한' 존재로 태어난다. 단 하나의 기회를 얻기 위해 질주했던 3억 대 1의 경쟁률을 이겨내고 세상의 빛을 본 존재이니, 분명 특별하다. 게다가 태어난 순간부터 부모님뿐만 아니라 조부모, 삼촌, 고모, 이모들의 특별한 사랑을 받는 존재가 되니 우리 생의 출발은 특별했다고 말해도 무리는 없을 것이다.

하지만 세상은 잔인하게도 특별한 존재로 태어난 우리를 다시 한데 모아서 특별한 중에 특별한을 선발하는 절차를 진행한다. 경쟁을 붙이고 평가를 하고 시험에 들게 하면서 특별한 중 특별한을 가려낸다. 나이를 먹으며, 삶의 무대를 거치며, 또래들과 관계를 형성하며 우리는 세상의 평가 앞에 서게 된다. 평가는 길고 꾸준하게 진행되는데, 삶에서 마주하는 경쟁, 도전, 시련 등이 모두 이에 해당될 것이다.

특별한으로 태어난 모든 존재는 세상의 모진 잣대에서도 끝까지 특별하고 싶지만, 승자의 수는 정해져 있고 승자의 세상으로 들어가는 문은 좁디좁다. 달력을 넘기며 하나의 삶의 과정을 거치고, 숨이 막히는 경쟁에 치이면서 우리는 '특별한'으로 남는 일이 어렵다는 것을 몸소 체감한다. 그런데도 여전히 도전의 끈을 놓지 않고 다시 한번 삶에 의욕을 불태우며, '그래도 나는 특별한 존재'라는 생각을 이어간다. 나는 아직 젊으니깐.

도저히 넘을 수 없을 것 같은 벽 앞에서 좌절한다. 이 벽 뒤에 존재하는 세상으로 너무나도 가고 싶지만, 숨이 차고 다리가 저린다. 이 벽만 넘어서면 나는 계속 '특별한'일 수 있겠다는 생각을 하지만, 손을 뻗어 내고 벽을 오르는 일이 힘에 부친다. 아등바등 최선을 다해 매달려 있던 벽에서 그렇게 미끄러지기 시작하면서 우리는 깨닫기 시작한다. 어쩌면 나는 더 이상 '특별한'이 될 수 없다는 것을. 내게 허락됐던 '특별한'이라는 수식어가 이제는 더 이상 어울리지 않는다는 것을. 특별한 존재들이 모인 이 세상에서 나는 어쩌면 '보통의', '평범한' 존재라는 것을 깨닫기 시작한다.

나는 어른이 돼도 여전히 '특별한'일 줄 알았다. 어린 시절 나를 특별한 존재로 인식했듯이, 어른이 된 나도 역시나 '특별한'일 것이라 생각했다. 그 근거 없는 자신감으로 나보다 앞서 세상을 살아간 다른 존재를 무시했는지도 모른다. 내가 하면 훨씬 나을 것이라고. 나는 저렇게 살지 않을 것이라고.

젖살이 있던 자리에 거무튀튀한 수염이 자리 잡고, 하고 싶은 일보다는 해야 하는 일이 많아졌다. 나도 모르게 먹게 된 나이에 걸맞게 행동해야 하고, 살아온 시간에 스스로 책임을 져야 한다. 그 변화 속에서 내가 그토록 지키고 싶었던 '특별한'이라는 수식어는 멀어져 간다. 나는 이 시대를 살아가는 '보통의, 평범한' 존재이다. 여전히 가족들과 친구들 사이에서는 '특별한'이지만, 그 특별한들이 모여 사는 거대한 세상에선 '보통의, 평범한' 존재이다.

어른이 된다는 건, 특별한 존재가 보통의 존재로 거듭나는 일이 아닐까. 특별한 존재로 인식했던 본인을 평범한 존재로 인식하게 되는 그 과정을 우리는 어른이 되는 과정이라고 부르는 게 아닐까 생각해 본다. 이제는 어쩌면 영영 닿을 수 없을지도 모르는 빛바랜 내 꿈들 앞에서, 내가 견뎌야 할 삶의 무게와 책임 앞에서 나는 나를 '보통의, 평범한' 존재로 인식하게 된다. 내 삶도 내가 어릴 적 보았던 그 어른의 삶과 크게 다르지 않을 것이라는 걸 아프게 받아들인다.

나는 그렇게 보통의 어른, 평범한 어른이 되어간다. 특별한 존재로 태어나, 평범한 존재로 살아간다.

어설프게 어른이 되었다

2

이해할 수 없던 말과 행동을 이해하게 된다.

어릴 땐 이해할 수 없는 게 참 많았다.

공부가 가장 쉽다는 중학교 담임 선생님의 말과 어떻게든 더 가르치려 드는 부모의 마음을 이해할 수 없었고, 본인이 이별을 통보했음에도 하염없이 눈물을 흘리는 누나를 이해할 수 없었으며,

모든 좋은 것들을 뒤로하고 스스로 명을 달리하는 유명인들을 이해할 수 없었다.

지금도 그렇지만, 아는 것보단 모르는 게 많았고,

공감할 수 있는 것보단 공감할 수 없는 게 많았다.

가끔은 내가 모르는 것, 그래서 공감할 수 없는 것들을 부정적으로 생각하기도 했었다.

이름도 모르는 회사에서 일하는 누군가의 능력을 의심하기도 했고,

자기 관리에 실패한 듯 보이는 어느 중년 아저씨를 보며, 나는 절대 저렇게 되지 말아야지 생각도 했었고,

한때 친하게 지냈던 친구들과 멀어질 대로 멀어졌다고 말하는 어른의 얘기를 듣고는, 의리 없는 사람이라고 생각했었다.

그런 생각을 할 수 있었던 데는, '나는 그렇지 않을 것'이라는 모종의 특권의식 같은 게 있었고,

'내가 하면 더 나을 것'이라는 근거 없는 자신감이 있었다.

나이를 먹으면서 할 수 있는 것들이 많아졌다. 할 수 있는 것들이 많아지니, 해야 하는 것들도 많아졌다. 권리와 책임이, 낮과 밤처럼, 해와 달처럼 그리

고 동전의 양면처럼 주어졌다.

권리와 책임은 양쪽에서 나를 압박해 오며, 내가 이해할 수 없었던 것들을 강제로 이해시키고,

공감할 수 없었던 것들을 강제로 공감하게끔 한다. 내가 부탁한 적 없으니, 분명 강제가 맞을 것이다.

이해할 수 없었고, 공감할 수 없어 부정적으로 생각하기도 했던 많은 것들에 고개를 끄덕이게 된다.

공부가 가장 쉽다고 말했던 중학교 담임 선생님의 말을 이제는 이해할 수가 있고,

자신은 멈춰서 있을지라도 자식은 어떻게든 앞으로 나가게끔 하려는 부모의 마음도 이해가 된다.

본인이 결혼을 거부한 채로 이별을 고했으면서도 그리 서럽게 울던 8년 전의 누나의 심정이 이해가 되고,

좋은 사람을 만나 백년가약을 맺는 것이 삶의 거대한 축복임을 말했던 외삼촌의 말도 어느 정도 알 수 있을 것 같다.

배도 나오고, 머리 숱도 적고, 스타일도 촌스러워 절대 저렇게 되는 말아야지 생각했던 수많은 중년의 남성들이, 실은 얼마나 대단한 삶을 살아가고 있는 것인지 이제는 얼핏 알 것 같다.

그리고 맨손으로 가정을 일궈내고 자식의 고등교육까지 책임지는 우리들의 부모님이 얼마나 위대한 일을 해낸 것인지, 얼마나 어려운 일을 해낸 것인지 직감할 수 있게 됐다.

저 뒤 먼발치에서 상상했던 나의 20대는

사실 내가 실제로 살아온 20대와 그 모습이 달랐다.

'나는 그렇지 않을 것', '내가 하면 나을 것'이라는 특권 의식과 자신감은

'나 역시 다르지 않음', '나도 할 수 있을까' 라는 인정과 의문으로 바뀌어 간다.

특권과 자신감이 인정과 의문으로 바뀌는 과정에서 나는 지금껏 이해할 수

없었던 많은 일과,

공감할 수 없었던 사람들의 행동에 고개를 끄덕일 수 있게 된 것이다.

건방지게도 손가락질했던 사람들과 무시했던 사람들 그리고 눈물 가득한 얼굴로 나를 떠나간 이를 이해하고 공감하게 된 것이다. 그래서 어른이 된 나는 그들에게 괜스레 미안해진 것이다.

시간은 나에게 흐르는 만큼 부모에게서도 흐른다.

명절이면 할아버지 댁에 우리 집을 포함한 모든 친척이 다 모이던 때가 있었다. 내 나이를 손가락 열 개로 다 헤아릴 수 있었던 때다.

식사를 하고 나면, 한두 사람씩 마루에 걸터앉아 이 사이에 낀 음식물을 정리했고, 낡은 플라스틱 바구니에 소담하게 담긴 과일을 베어 물며 도란도란 이야기를 시작했다. 나는 적당히 눈치를 보다가 내 차례인 듯싶으면 잽싸게 한 자리 차지했었다.

어른들이 하는 얘기는 무언가 시시콜콜한 재미가 있었는데, 그들은 내가 그들의 이야기를 이해하고 있다는 사실을 믿지 않는 눈치였다. 그래서인지 내게는 발언권이 없었고, 가끔가다 대화에 참여해 말을 하면 그저 귀엽다는 듯 반응했었다.

그러다 어느 순간부터 어른들이 내 이야기에도 주목하기 시작했다. 그 시작은 학교 얘기였는데, 조카들이 모두 학교에 다니고 있었기에 학교를 먼저 다닌 나의 이야기는 학부모인 친척들에게도 충분히 흥미가 있는 이야기였던 것이다. 내 나이를 손가락 열 개하고도 다시 두 손을 써야만 헤아릴 수 있었을 때의 이야기다. 나는 그때 처음 나이를 먹는 것에 즐거움을 느꼈었다.

나이의 앞자리가 1에서 2로 바뀌고는 할 수 있는 일도 많아졌다. 꼬리표처럼 따라다니던 부모의 동의도 더 이상 필요하지 않았다. 세상은 나에게 몇 가지 책임을 지는 대가로, 많은 권리를 누릴 수 있는 특권도 부여했다. 그 또한 나이를 먹는 즐거움이었다.

　　외국에서 시간을 보내다 귀국해, 오랜만에 어머니와 등산을 했다. 흉흉해진 세상이 무섭다는 그럴싸한 핑계를 대며, 어머니는 늘어지게 자고 있던 나를 끌고 나가는 데 성공하신 게다.

　　산에 오르다 두 개의 갈림길이 나왔다. 계단이 많은 길과 평지로 갈 수 있는 길. 어머니는 평지를 선택하며, 나이를 먹어 무릎이 좋지 않다는 말을 바람이 지나가듯 흘리면서 말씀하셨다.

　　정상에 도착해서 어머니와 사진도 한 장 찍었다. 몇 번이고 사진을 다시 찍는 한편, 많아진 주름을 사진에서나마 감추려는 어머니의 노력은 내가 나이를 먹는 동안에 어머니 역시 나이를 먹었음을 실감케 했다.

　　나는 내 나이가 들어가는 것이 좋지만, 어머니의 나이가 드는 것은 싫다.

　　내가 할 수 있는 것들이 늘어나는 것은 좋지만, 어머니가 할 수 있는 것들이 줄어드는 것은 역시 싫다. 시간이 나에게서만 흐르면 얼마나 좋을까.

세상은 원래 불공평하다.

어느 순간부터 세상이 참 불공평하다는 생각을 하기 시작했다.

고등학생 때였다. 대학 입시를 준비하며, 부모의 경제적 역량과 가방 끈의 길이가 자식의 성적에 지대한 영향을 미칠 수 있다는 걸 처음 깨달은 순간이었다. 어슴푸레하게 알고 있던 사실이었지만, 실제로 몸소 이를 체감한 건 처음이었다.

중학교 때까지는 혼자 머리 싸매고 적당히 공부하면 어느 정도 성적을 올릴 수 있었지만, 고등학교는 그게 아닌 것 같았다. 고등학교에 진학하여 첫 성적표를 받아 든 나는 적잖이 충격을 받았었다.

그날 집에 가며 곰곰이 생각하니, 고군분투하며 책상에 몇 시간씩 앉아 있어도, 도무지 따라갈 수 없는, 아니 따라갈 엄두도 나지 않는 친구들이 많았다. 그들은 이미 고등학교에 진학하기 전 수학이나 영어와 같은 핵심 과목들은 충분히 선행을 한 친구들이었는데, 나는 다른 친구들이 종종 그 친구들의 경제적 수준에 대해서 떠들어댔던 것을 기억해냈다. 시골이었지만, 그중에서는 괜찮게 사는 집안의 자제들이었다.

친하게 지내던 친구 한 명도 그런 류의 친구였는데, 어떻게 공부해야 좋은 대학에 갈 수 있는지 부모에게 익히 들었으며, 그 좋은 대학이라는 것이 인생에서 보장해 줄 수 있는 것은 무엇인지도 구체적으로 들어왔다고 했다. 부모님 두 분 다 대학을 나왔다는 그 친구는 비록 나와 같은 교복을 입고 있었지만, 다른 옷을 입고 있는 것 같았다.

대학 문턱을 밟아 보지도 못한 내 부모님 이야기에 익숙해져 있던 나는, 당연히 친구들의 부모님들도 중졸 혹은 고졸일 것이라 생각했지만, 캠퍼스 생활을 해보신 분들은 많았고, 그들의 자제들은 적어도 성적이라는 지표에선 나보다 저만치 앞서 나가 있는 것 같았다. 참 우습게도 나는 그때까지 부모님과 대학 진학이나 공부에 관한 얘기를 한 번도 진지하게 해본 적이 없었다. 돌이켜 생각해보면, 본인들이 모르는 삶에 대해서 자식에게 얘기해줄 수 없었던 게 아닐까 싶다.

그때 처음으로 세상이 참 불공평하다고 생각했다. 어떤 부모 밑에서 태어나는지는 순전히 운에 의한 일인데, 어찌 이리 불공평할 수 있단 말인가. 나는 오르지 않는 성적표를 붙잡고, 불공평에 대해서 처음으로 생각했었다.

애석하게도 수능에서 원하는 만큼의 성적을 내지 못했다. 집안 사정을 누구보다 잘 알고 있던 터라, 재수는 꿈도 꾸지 못했고 그렇다고 시골 독서실에 혼자 앉아 1년의 세월을 보내고 싶지도 않았다.

받은 성적으로 그나마 가장 좋다고 말하는 대학에 진학하려 했다. 원서를 쓰기 하루 전 어머니가 평소와 다른 진지한 목소리로 나를 불러 앉혔다.

어머니는 자신이 없다고 했다. 그 비싼 등록금과 타지 생활에 필요한 생활비를 지원해 줄 자신이 없다고 했다. 그러면서 어머니는 내게 집 근처에 있는 대학에 진학하는 것은 어떻냐고 물었다. 당시 나의 성적으로 지원한다면 충분히 장학금을 받을 수 있는 수준이었고, 집에서 다닐 수 있는 거리였기 때문에, 집값 걱정도 할 필요가 없었다.

그 말이 왜 그렇게 서럽던지. 자식이 더 좋은 성적으로 더 나은 대학에서 공부할 수 있기를 바라며 선제적으로 나서 재수를 장려하는 부모들도 많은데, 왜 나와 내 어머니는 이 얄궂은 대화를 할 수밖에 없는지. 눈물이 핑 돌다 못해, 나도 모르는 사이 복받친 서러움의 눈물이 떨어졌다. 어머니는 나를 보며 한숨만 쉬셨다. 그때 처음으로 아버지를 원망했었다. 아무것도 남기지 않은 채 어린 자식을 세상에 남기고 떠난 아버지가 처음으로 원망스러웠다. 그것이 성인으로서 내 삶의 시작이었다. 어느 재수학원이 좋은지를 고민하는 친구들을 보며, 나는 끓어오르는 부러움을 참아내기 어려웠다.

이를 악물 수밖에 없었다. 말 그대로 믿는 바가 아무것도 없었기 때문에, 나밖에 믿을 수 없었다. 자식에게 좋은 것만 보여주고 싶은 어머니가, 오죽했으면 나를 앉혀 놓고 그런 얘기를 하셨을까. 어쨌거나 내가 선택한 길이었다. 나를 묶어 두려는 제약에도 불구하고, 대놓고 세상은 불공평하다고 말하는 세상임에도 불구하고, 도전해보고 싶었다. 설렘이나 파릇파릇함이 가득해야 했을 신입생의 내 마음에는 그런 생각들이 가득했다.

학비는 국가의 도움과 장학금으로 어찌어찌 충족됐다. 하지만 생활비를 벌면서 공부를 한다는 게 여간 쉽지가 않았다. 주독야독으로 대학 생활을 보내도 괜찮은 회사에 입사하거나 전문가 집단에 들어가는 것이 어려운 이 시기에, 주경야독할 수밖에 없다는 건 그만큼 감내하고 포기해야 할 것이 많음을 의미했다. 잠을 줄였고, 입고 먹는 것을 줄였다. 그래도 늘 부족하고 아쉬웠다.

겪어보지 않은 사람들은 모른다. 전공 서적이 얼마나 비싼지. 어떻게든 더 싼 방법으로 전공 서적을 사려고 아등바등할 수밖에 없는 심정을. 매 끼니를 학식으로만 때워도 빠듯한 한달 살림을. 시험기간에 한 자라도 더 공부하고 싶은 마음을 뒤로하고, 아르바이트를 하러 갈 수밖에 없던 아쉬움을. 애초에 부모의 뒷바라지를 기대할 수 없기에, 장기간의 시간과 비용이 요구되는 시험은 꿈도 꿀 수 없는 그 심정을. 주머니 사정 때문에, 피어오르는 연애의 감정을 애써 눌러야 했던 그 심정을. 무언가를 배우려 해도 비용을 먼저 계산할 수밖에 없는 심정을. 그리고 이를 청춘이라는 이름으로 미화하며, 젊으니까 괜찮다고 스스로 최면을 거는 참담함을. 겪어 보지 않은 사람들은 모른다.

　취업을 준비하며, 내가 내 기대만큼 훌륭한 사람이 아닐지 모른다는 생각을 했던 적이 있다. 비가 내리는 날이었는데, 밖이 보이는 카페에 앉아 아메리카노를 마시고 있었다. 노트북 화면에는 서류전형 결과 탈락이라는 문구가 떠 있었다. 잘 참아온 울분이 조금씩 새어 나왔다. 누구에게도 쉽게 털어낼 수 없는 마음에, 오아시스 없는 길고 긴 사막을 걷는 기분이었다. 세상은 참 냉정하구나. 쓰린 아메리카노를 들이켰다.

　세상은 너무도 불공평하다고 말하고 다녔다. 나와 가까운 사람을 만날 때면, 구구절절이 이야기하기도 했었다. 아마도 나를 정당화하고 싶었고, 내가 얼마나 모질게 살았는가 누군가 알아주길 바랐다. 하지만 사람들은 크게 관심이 없는 눈치였다. 그저 상식 수준에서 그런 일이 일어나고 있음을 인정하는 정도였다. 나와 비슷한 배경과 경험을 공유한 이들도 크게 관심을 갖고 들어주진 않았다. 내가 바랐던 더 깊은 수준의 공감과 그를 통한 치유는 없었다. 심지어 가족과 친척들도 내가 신파극 조로 말하는 불공평한 세상 이야기에 크게 동조하지 않는 듯 보였다. 나는 아리송했다. 이토록 불공평한 세상인데, 왜 사람들의 반응은 거기까지인지.

불공평하다는 인식이 극에 달했던 취업 준비 기간을 지나왔다. 여전히 세상은 불공평하다고 생각한다. 고등학생이었던 내가 20대 후반이 된 지금까지 겪어온 불공평도 있었지만, 나의 이야기는 비교도 되지 않을 정도로 거대한 불공평이 세상에 자리 잡고 있다는 것도 알게됐다. 사람이 밥을 벌어 먹고 사는 대부분의 곳에 불평등이 자리하고있다. 한 국가만의 현상이 아니며, 전 세계에 자리한 담론이다.

불공평에 관련된 더 많은 삶의 모습을 알게 됐지만, 이전처럼 사람들에게 힘주어 세상은 참 불공평하다고 말하진 않는다. 내 이야기를 들었던 그들처럼, 인식적 수준에서의 불공평을 말하는 수준이다. 세상이 불공평하다는 데 익숙해진 것일 수도 있고, 어쩔 수 없다는 무력감에 사로잡힌 것일 수도 있고, 둘 다일 수도 있다. 매일 뜨고 지는 해가 놀랍지 않듯이, 짧은 하루가 아쉬워도 하루의 시간을 늘릴 수 없듯이, 불공평은 내게 다가왔다. 과거의 내가 가엾으면서도, 나 역시도 불공평이라는 인간사 거대 담론의 한 예시에 불과하다고 생각하게 됐다. 나를 포함한 수많은 사람이 그렇게 살아가고 있고, 더 큰 박탈감과 비상식을 감당하며 살아낸 사람들도 발에 치이게 많다.

어떤 현상을 보고, 그건 원래 그렇다고 말하는 건 책임감 없는 말이라 생각했었다. '원래'라는 표현은 설명의 가능성과 고뇌의 필요성을 묵살하기 때문이다. 하지만 불공평한 세상에 대해서는 원래라는 표현을 쓰는 것이 제일 적합한 것 같다. 그렇다 세상은 원래 불공평하다.

사회적 재화를 나누는 기준을 초월적 신이 정량적 지표를 기반으로 무소불위의 기준을 만들지 않는 이상, 세상은 불공평하다. 자본주의라는 체제는 그저 그 불공평함을 효율성이라는 이름에 숨겨 극대화할 뿐이다. 내가 어떤 교육 수준, 외모, 재산, 종교, 국가, 인종을 가진 부모 밑에서 태어날지는 순전히 임의로 결정된다. 그게 한 인간의 생애에 지대한 영향을 미침에도 불구하고 선택은 임의다. 그 부모 밑에서 내가 어떤 유전자를 가지고 태어날지도 미지수다. 그게 우리 생의 시작이고 핵심이다.

임금 상승률이 자본에 대한 이자를 따라가지 못한다는 건 지나가는 개도 알고 있다. 애초에 배우지 못해 좋은 학력과 기술을 가지지 못한 자는 큰 요행이 일지 않는 이상 쳇바퀴 돌 듯 가난과 가난을 돌 뿐이다. 주식과 부동산은 장기적으로 끊임없이 상승해왔고, 그 안에서 애초에 자산이 많았던 사람들의 자산은 빠르게 증식됐다. 빈부격차를 나타내는 지표를 보면, 자본주의가 내려앉은 현대사회는 시간이 지날수록 양극화가 심화되고 있다. 자본은 자본을 낳을 뿐만 아니라, 자식에게도 대물림된다. 사회가 고도화되면서 직접 증여가 되기보단, 교육과 같은 세련된 방식으로 대물림된다. 명문대일수록 부모의 소득 수준이 높다는 조사 결과만 봐도 이해가 쉽다.

세상은 원래 불공평하다. 누가 그렇게 만들어서가 아니라, 각자 자신의 위치에서 최선을 다해 살아가고, 그들이 모여 사는 국가가 효율성을 전면부에 내걸면서 불공평은 가속됐다. 사람들은 세상이 불공평하다는 것을 잘 알고 있다. 말하지 않고 표출하지 않는다고 해서 모르는 것이 아니다. 과거의 내가 불공평에 대해 힘주어 말했을 때, 그들이 깊게 동조하지 않았다고 해서 불공평한 세상을 몰랐던 것이 아니다. 그들 모두 각자의 자리에서 불공평함을 체감하며 살아가고 있었을 게다. 다만 자신도 모르는 사이 인정해버리고 익숙해진 것이겠지. 자신의 직접 경험이나 주변 사람들이 살아가는 모습을 보면서 알게 됐을 것이다. 세상이 불공평하다는 건 지구가 태양을 돈다는 것만큼이나 자명한 사실이고, 우리는 그저 그 안에서 최선을 다해 살아가는 것 뿐이라고.

열렬했던 박탈감과 섭섭함이 가신 자리에는 체념과 익숙함이 자리했다. 이 거대한 인간 세상의 특징을 바꾸는 데 생각이 미치기보다는, 어떻게 그 체제 안에 순응하여 더 나은 삶을 살까를 고민하게 된다. 당장 어떤 선택을 내리고, 어느 방향으로 삶을 이끌어가야 이 불공평한 사회에서 그나마 체제의 장점을 누리며 살 수 있을까 고민하게 된다. 어쩔 수 없는 것 앞에서 어쩔 수 있는 것을 고민하게 되는 인간의 특성은, 내게도 통용된다. 나는 이 불공평한 세상을 살아가는 하나의 어른일 뿐이다.

세상은 원래 불공평하다.

어설프게 어른이 되었다

꽃이 소중하다면 꺽지 말아야 한다.

　'특별한'이라는 특별한 단어를 굳이 운운하면서까지 내가 느끼고 있는 감정이 특별하다고 말하고 싶은 요즘이다. 누군가가 이전까지의 그것들과 어떤 방식으로 얼마나 다르기에 그렇게 말할 수 있는가 하고 묻는다면, 멋쩍은 대답만을 늘어놓겠지만, 본래 감정을 느끼는 데는 사변적인 이유들이 필요하지 않을 때가 많은 법이다. 그 사람이 좋은 이유는 손가락을 접으며 미주알고주알 꼽는 데 있는 것이 아니라, 새초롬하고 때로는 바보 같은 웃음과 함께 말하는 '그냥'에 있다고 생각한다. 그 사람이 그냥 좋은 것이다.

　그런데 상대에게 느끼는 감정이 특별하니, 그 감정을 받아내는 내 마음과 반응도 역시 특별하다. 아니 특별하다고 말하기에는 내가 원하는 것을 전하는 데 부족함이 있어, 낯설다고 말하겠다. 내가 낯설다. 분명 내 입에서 나온 말이지만, 분명 내 머리에서 나온 생각이지만 마치 방금 내 옆을 지나간 저 모르는 남자의 것인 것 마냥 낯설다. 이 낯선 감정은 시간이 지날수록 더 낯설어진다. 마음속에서 무언가 계속 피어오르지만, 어디로도 발산되지 못한 채 쌓이기만 한다.

　출처를 알 수 없이 상대에게 크고 작은 서운함을 느낀다. 논리적으로 따져서 충분히 섭섭할 만한 상황에서 서운함을 느끼는 것이 아니라, 가당치 않은 이유들로 섭섭함을 느낀다. 분명 큰 일이 아님에도 상대가 신경 써 주길 바라게 되고, 사소한 일에도 예민하게 반응한다. 이전 관계에서의 나였으면 넘어갔을 일들이 쉽게 넘어가지지가 않고, 목 구멍에 걸린 생선 가시처럼 간질간질하기도 하고 따끔따끔하기도 하다.

낯선 감정이 편하지가 않다. 점점 옥죄는 불편한 감정을 버티지 못하고 감정의 한계에 봉착한다. 적절하게 해소할 방법을 모르는 이가 이 한계점에서 찾을 수 있는 해결책은 감정을 만들어내는 상대방을 통해서다. '구속'이라는 방법으로, '집착'이라는 수단으로 본인의 불편함을 해소하려 든다. 나를 불편하게 만드는 상대의 미지의 영역과 내 의심이 싹트는 상대의 고유의 영역에 어둠의 관심을 뻗는다. 여기서 구속과 집착을 '사랑'이라는 포장지로 포장할지도 모르겠다.

처음부터 다시 생각해보자. 나는 왜 상대방에게 '특별한' 감정을 느꼈는지 다시 한번 생각해보자. 그 사람이 영유하고 있던 그 세계가 좋아서 아니었나. 그 사람만의 색이 좋아서가 아니었나. 그 사람이 그 세계에서 뿜어내는 행복이 좋아서 아니었나.

나의 이기적인 불편함 때문에, 그 사람이 그리는 인생이라는 그림에 검은 먹물을 뿌리는 것은 과연 옳은 것인가. 지켜주고 존중해줘야 할 상대의 영역을 침범하는 것은 내가 유지하고 싶은 이 관계를 스스로 부정하는 것은 아닌지, 또 내 감정의 시초를 부정하는 꼴은 아닌지 다시 한번 생각해보자.

꽃이 아름답다고 꽃을 꺾어 내 주머니에 넣어버리면, 금세 시들어 죽는다. 그 꽃이 나에게 소중하다면 계속 아름다울 수 있도록 도와주자. 그게 꽃도 아름다울 수 있고, 내 감정도 아름다울 수 있는 유일한 방법이다. 물론 그게 쉽지 않다는 것을 뼈저리게 느끼는 요즘이다.

노래 위에 사연을 입힌다.

미소가 아름다운 캐나다 가수, Sarah McLachlan의 노래 중 Adia라는 노래가 있다.
사랑을 주고 떠난 Adia에게, 남겨진 이의 공허함을 서정적인 가사로 풀어낸 노래다.

군대를 막 전역하고 호주로 맨주먹으로 향했을 때, 생각만큼 일이 잘 풀리지 않아 힘들어하던 때가 있었다.
가지고 간 돈은 떨어져 가는데, 원하는 일자리를 구하지 못하고 있었다.

당시 Gold Coast라는 관광 도시에 머무르고 있었는데, Canberra에 있는 호텔에서 면접 기회를 얻었다.
비행기로 이동할 수밖에 없는 거리였는데, 가진 돈이 부족해 친구에게 돈을 빌려 Canberra로 향했다.
남은 돈을 계산하며, 면접에 떨어졌을 때의 상황을 머릿속으로 그려봤다.
나는 불안전하고 불안정한 마음으로 비행기 좌석에 앉아 있었다.
엎친 데 덮친 격으로 몸살 기운까지 있던 그날, 나는 Sarah McLachlan의 Adia를 듣고 있었다.

귀국 후 언젠가 카페에서 우연하게 이 노래를 들은 적이 있다.
그녀가 Adia를 부르는 순간, 나는 Canberra로 향하던 그날로 돌아갔다.
그날의 불안함과 설렘의 오묘한 조화가 그녀의 목소리에 서려 있었다.
내게 물을 건네던 승무원의 미소까지도 노래 속에 아주 고스란히 새겨져 있었다.

가사와 별개로 지난 날의 내 사연이 노래 안에 녹아 있었고, 나는 이 노래를 통해 시간과 장소를 초월해 그날의 호주에 닿을 수 있었다.

Adia 이외에도 언젠가부터 그런 노래들이 많아졌다.

노래 자체가 가지고 있는 가사나 메시지와 상관없이, 그 노래를 들었을 당시의 감정과 분위기가 고스란히 새겨져, 언제 어디서든 그 노래를 통해서라면 그날에 닿을 수 있는 노래.

노래를 함께 듣던 사람, 그 사람과 나눴던 대화 그리고 그 감정까지 녹아 있어, 들을 때마다 그 사람이 생각나는 그런 노래들.

노래가 불러오는 추억이 발길을 잡아, 언제든 멈춰 서서 추억에 잠길 수밖에 없게 만드는 그런 노래들이 많아져 간다.

오늘도 큰 뜻 없이 듣고 있는 어떤 노래들에 내 순간과 감정들은 담기고 있다.

그 노래를 함께 듣는 이의 표정과 감정 그리고 대화도 그 노래에 실리고 있고, 그 노래 속에서 걸어가고 있는 나의 발걸음도 담기고 있다.

그리고 언젠가 다시 이 노래를 들었을 때, 나는 지금의 이 순간과 오늘을 발견할 것이고,

발걸음은 잠시 멈춰 설 것이다.

그 순간이 그리워서 혹은 그 사람이 그리워서.

지나간 어느 순간과 그 순간을 함께한 사람이 그때의 노래에 새겨진다.

그 노래만 들으면, 그 날과 그 사람이 생각나 잠시 멈춰 설 수밖에 없게 된다.

어른이 될수록 나만의 사연이 담긴 노래들이 늘어난다.

어설프게 어른이 되었다

후회의 선택 역시 나의 흔적이다.

2006년 장관급 인사청문회의 첫 대상자였던 유시민 전 보건복지부 장관. 첫 장관급 인사청문회답게 여야를 가리지 않고 다양한 의문과 의심들이 쏟아졌다.

어렵사리 청문회를 마치고 장관에 임명된 유시민은 그 소회를 도종환 시인의 시, '가지 않을 수 없던 길'로 대신했다.

지금도 해거름마다 자신을 따라와 발걸음을 붙잡는 일들이 있고, 그 일들로 인해 야당으로부터 융단폭격을 당했지만, 그럼에도 불구하고 그렇지 않을 수 있었던 선택은 없었다고 시를 통해 말했다.

인생은 B(Birth)와 D(Death) 사이의 C(Choice)라는 말이 있을 정도로 우리는 평생 끊임없는 선택을 내린다. 아침에 일어나 밤에 누울 때까지, 태어나 죽을 때까지 우리의 손길을 기다리는 선택은 줄을 선다. 선택 없이 삶은 한 발자국도 나아갈 수 없는 것이다. 오늘의 태양은 과거의 모든 선택 위에서 밝아오고, 내일의 태양은 오늘까지의 모든 선택 위에서 불탄다.

머리와 가슴을 거쳐간 선택 중에는 언제 생각해도 스스로가 대견해지는 선택들이 있다. 의도하든 의도하지 않았든 종국에는 긍정적인 결과를 선사한 선택들이 그렇다.

하지만 반대로, 생각할 때마다 가슴을 때리고 감정을 쥐어짜는 선택들이 있다. 굴러들어 온 호박을 제 발로 찬 선택들. 집착이나 질투가 만들어낸 선택들. 그리고 그 선택이 떠나가게끔 만들었던 사람들. 겉멋이 싸지른 오글거리는 말과 행동들까지. 나를 여전히 잡아끌고 놓아주지 않는 과거의 선택들은 많다. 그 선택들을 되새김질하는 것이 내게 어떤 도움을 주는지 도무지 알 수 없지만, 그날의 기억은 느닷없이 바람처럼 불어와 나를 흔들고 또 흔든다.

하지만 나이를 먹으며 더 많은 선택을 내리고 그 선택이 가져온 결과를 마주하면서, 잘못된 선택에 대한 후회와는 별개로 그건 그럴 수밖에 없었다는 생각을 하게 됐다.

후회가 불러오는 가슴저림을 알지만, 그 순간으로 돌아가 다시 그 선택 앞에 선들, 다른 선택을 내릴 자신이 없다. 도무지 제어할 수 없었던 그때의 유치한 생각과 감정 그리고 예상할 수 없는 미래 앞에서, 나는 그저 속수무책일 뿐일 테니까. 모든 선택에는 저마다의 이유가 있었고, 그땐 그 이유들에 너무 깊이 박혀 있었으니까. 그리고 그 선택 없이는 결국 지금의 나도 상상하기 어려울 테니까.

만족스러웠던 선택들과 아쉬웠던 선택들 위에서 오늘을 살아가는 나는, 과거로 돌아가 어떤 선택을 다시 한다고 해도 그때 그것 이하도 이상도 아닐 것이다. 그 선택이 결국 만족스러운 결과를 가져왔든 불만족스러운 결과를 가져왔든 말이다.

내게 어른이 된다는 건 그런 것이다.

어떤 선택과 그 선택을 내렸던 과거의 내가 너무나 미워도,

다른 선택을 했을 자신이 없는 것.

이를 인정하고 선택의 결과와 내 삶을 인내하는 것.

내게 어른이 된다는 건 그런 것이다.

꼬추를 잘 다스려야 한다.

　한 인간에게 찾아오는 모든 고난과 역경에는 각각의 원인이 존재한다. 그 원인 중에는 우리의 알량한 노력으로는 도저히 막을 수 없는 것들도 있다. 정작 본인은 세상의 빛을 보기도 전에 책정된 불행도 있고, 아직 제 운명을 스스로 결정하지 못할 정도로 어릴 때 들이닥치는 모진 풍파들도 있다. 하지만 그에 반해 충분히 예견 가능해 피할 수 있으나 무언가에 사로잡혀 고난의 중심으로 제 발로 스스로 들어가는 상황들도 있다. 많은 유명인사를 나락으로 이끌었던 바로 그 상황들 말이다.

　남자는 자신의 아주 하얀 때로는 노란 주니어들을 만들 수 있는 나이가 되고부터는 각별히 신경써야 하는 것이 한 가지 더 늘어난다. 남성성의 상징이자, 모든 남성의 활동 저변에 깊게 관여하고 있는 그것. 몇 가지의 공식 명칭과 몇 가지의 비공식 명칭을 가지고 있으며, 수많은 욕설에 응용되어 사용되는 그것. 그 중에서 가장 귀여워 보이는 이름으로 부르겠다. 그렇다 꼬추다. 각자의 얼굴 생김생김처럼 모양과 크기가 제각각이지만 남자라면 누구나 가지고 있는 그것이다.

　본래 인간은 모두 이성적이라 생각한다. '감정'이라는 것이 이성적 판단에 영향을 주긴 하지만 그래도 세상을 바라보는 데, 가장 기본은 이성이다. 합리적으로 살아가는 것이 미덕으로 여겨지는 이 시대에 이성적인 사고와 가치판단은 절대적인 것이다. 그런데 세상을 현명하게 살아가는 데 그토록 중요하다는 이성이 유독 '꼬추'에게는 너무 약한 것이 아닌가 하는 생각을 해 본다. 아무리 이성적인 사람들도 꼬추에 한 번 사로잡히면, 멍청한 짓을 저지르는 것을 하루에도 몇 번씩 본다. 유명인뿐만 아니라 내 주위 사람들 그리고 나까지도 가끔은 아주 멍청한 생각을 하게 되는데, 그럴 때마다 대게 원흉은 꼬추이다.

가끔 꼬추의 힘이 정말 세져 바로 설 때면 가치의 전도를 떠나서 그것이 모든 가치와 욕구들의 수장인 것처럼 마음껏 위세를 떨친다. 이성적 판단을 마비시키고, 초래될 수 있는 위험의 크기가 작게 보이는 착시를 일으킨다. 높게 솟은 꼬추 앞에서 6+9 = 69가 돼 버리고, 인생을 나락으로 보낼 수 있는 위험을 포착하는 능력은 제 기능을 못한다. 하얗고 노란 나의 주니어들에게 어떻게든 세상의 빛을 보여주려는 욕구는 그렇게 우리의 지능을 떨어뜨린다.

우리는 절정(?) 뒤 현자가 되고 나면 내가 꼬추에 지배당해 얼마나 바보 같았는가 깨닫게 되지만, 곧 주머니는 다시 차오른다. 그것들이 다시 차오르고, 꼬추의 힘이 다시 세질 때 우리는 이미 경험했음에도 불구하고 다시 바보가 될 때가 있다.

세상에 선한 영향을 미치던 많은 유명인이 꼬추에 힘이 두드러지는 순간을 잘못된 방향으로 해소하여 나락으로 가는 꼴을 점점 더 많이 보게 된다. 주기적으로 꼬추의 힘이 강해지는 시기가 오는 것은 인류가 멸망하지 않고 현재까지 오는 데 필수 불가결한 요소였을 것이다. 하지만 그것이 꼬추의 에너지를 잘못된 방향으로 해소하는 일을 용인하는 면죄부가 될 순 없다.

나이를 먹으며, 이성적 판단이 흐려지는 그 순간들을 얼마나 잘 견디고 얼마나 건강한 방법으로 넘기는가가 무척 중요하다는 것을 새삼 깨닫게 된다. 훌륭한 삶을 살고 후대에 귀감이 되는 존재로서 기억되고 싶다면, 끊임없이 노력하여 나의 실력을 가꾸는 것과 함께, 꼬추를 관리하는 일도 잘해야 한다.

어머니가 나에게 "가운데 다리를 함부로 놀리다가는 패가망신한다"라고 말하는 데는 다 이유가 있는 것이다.
다들 꼬추 조심하시고 건실히 살아가시길.
그렇게 참된 어른이 되시길.

9

포기의 용기.

다들 하나같이 꿈! 꿈! 거렸다.

만물의 영장을 자처하는 인간이라면 무릇 꿈이 있어야 하며, 가장 파릇파릇하게 자라나는 젊은이라면 거창한 꿈 하나쯤은 있어야 제대로 살고 있는 것이라 여겼다.

꿈이 뭐냐고 묻는 어른들의 질문에, 낭랑하게 대답할 수 있으면 떡잎이 바른 취급을 받았고,

잘 모르겠다고 말하면 패기 없는 젊은이 취급을 받았다.

나도 그중 하나였다. 과연 나는 나를 얼마나 잘 아는가라는 질문은 뒤로한 채, 간헐적으로 파악한 나의 모습 위에 가장 그럴싸한 꿈을 덮었다. 그리고 언젠가부터 꿈이 뭐냐고 묻는 사람들의 말에 낭랑하게 대답했다. 아나운서가 되고 싶다고.

그 대답을 유지하기 위해선 꽤나 용기가 필요했다. 유한한 시간과 자원을 선택적으로 사용해야 했고,

다른 가치 있어 보이는 것들을 애써 외면하고 앞만 봐야 했다.

실패라는 불안감을 애써 달래고 끝도 없는 의심에 맞서는 이 지난한 과정은, 나에게 많은 용기를 요했다.

나는 조금씩 나아갔다. 하루 위에 하루를 얹으며 나아갔다.

하지만 거기까지였다. 타고난 능력의 한계와 가지고 있는 배경의 한계는 높은 벽이 되어, 노력과 젊음의 에너지로 달려드는 나를 몇 번이고 좌절시켰다.

연속되는 좌절과 하늘 높은 줄 모르는 벽 앞에서 나는 겁이 났고, 더 늦어 다른 곳으로 돌아갈 수 없게 될까 서둘러 돌아섰다. 그렇게 나는 나의 실패를 받아들였다.

나는 포기했다. 한동안 사람들 앞에서 자랑스럽게 말했던 꿈을 포기했다.
아니 정확히 말하면 포기해야만 했다.
그래도 미련이 남았다. 한계를 맛봤음에도, 실패에 닿았음에도 내가 들인 시간과 노력이 아쉽고, 실패와 포기를 받아들였을 때, 내게 쏟아질 사람들의 눈빛이 두려웠다.
그 짓궂은 생각과 아쉬움을 받아들이는 것은 내게 또 다른 큰 용기를 요했다.

꿈을 포기하는 과정은 모질었다.
한때 존재했던 꿈을 위해 쌓아온 것들을 새롭게 모아 호구지책을 마련해야 했고, 내 꿈의 안녕을 묻는 이들에게 그럴싸한 답을 다시 던져야 했다.
그리고 무엇보다 벽 앞에서 좌절한 나를 다시 일으켜 세워야 했다. 다시 숟가락을 들어 밥을 푸고, 펜을 들고 책장을 넘겨야 했다. 나는 다시 용기를 내야 했다. 꿈을 포기할 용기를.

어쩌면 그것은 꿈을 좇던 내게 요구됐던 용기보다 더 큰 것이었다.
그리고 문득 서러워졌다. 그렇게 모두들 한입으로 꿈꿈 거렸으면서, 왜 아무도 꿈을 포기하는 게 꿈을 꾸는 것보다 더 많은 용기를 요할 수 있음을 말해주지 않았는지. 그게 서러워졌던 것이다.

꿈은 꿀 때보다 어쩌면 포기할 때 더 용기를 내야 한다는 걸 알게 되는 것.
그리고 문득 그 사실에 서러워지는 것.
꿈이라 믿었던 길에서 스스로 이탈한 내가 받아들여야 할 현실이었다.

10

결혼의 이유.

"너는 나중에 커서 누구랑 결혼할 거야?"

어린 시절, 어른들은 큰 기대 없이 이런 질문들을 물어왔는데,
엄마가 좋아 아빠가 좋아 정도의 질문으로 어느 정도 친밀감을 형성한 어른
들이 주로 그런 질문을 물어왔다.
나는 여느 아이와 같이, 엄마 같은 여자와 결혼하고 싶다고 말했었다. 내가
기억하는 한, 내 삶에서 최초로 결혼과 접점이 생겼을 때는 바로 저 순간이
었다.

남녀의 만남과 인연을 소재로 한 소설, 드라마 그리고 영화의 해피 엔딩은
결혼이었다.
둘 사이를 가로막고 있는 장애물들을 사랑의 힘으로 극복한 남녀의 사랑은
결혼을 잇는 다리였고,
그런 류의 소설, 드라마, 영화에 노출되며 자란 나에게 결혼은 자연히 사랑
의 결실로 자리매김했다.

결혼은 사랑하는 사람과 평생을 약속하는 것.
내 어머니 아버지의 결혼도,
삼촌과 작은 엄마의 결혼도
이 개념 위에서 이해됐다.
그들은 서로를 사랑했기 때문에 결혼을 한 것이라 이해했었다.

연애라는 걸 하면서 결혼을 흉내 내기도 했었다.

배우자에게 쓸 법한 호칭들을 쓰며 애정을 과시했었다.

그녀와 꼭 결혼을 해야겠다는 거창한 다짐 따위가 있었다고 보긴 어렵지만,

그녀에 대한 나의 감정이 결혼으로 이어질 수 있는 연장선 어딘가에 서 있다고 생각했기 때문에,

결혼을 흉내 낸다는 것이 크게 어려운 일은 아니었다.

감정이 커지고 서로를 아끼고 사랑하면 자연히 결혼을 하게 될 것이라 생각했었다.

하지만 주변 사람들이 하나 둘 결혼을 생각하고 누군가는 실제로 결혼을 하는 나이가 되면서, 결혼은 사랑의 결실과 동의어가 아니라는 걸 알게 됐다.

대학 친구 중 누군가가, "나는 서울에 아파트 한 채는 해 올 수 있는 남자랑 결혼할 거야."라고 말했을 때, 나는 그녀가 '서울에 있는 아파트를 사는 일'과는 거리가 있어 보이는 촌놈과 3년간 연애 중이라는 것을 알고 있었다. 그와의 연애를 여기저기 자랑하던 그녀에게, 아이러니하게도 결혼은 그와 함께 그리는 것이 아닌 것 같았다.

비단 그녀만의 일은 아니었다. 어릴 때부터 키워왔던 결혼에 대한 관점과 달리, 결혼은 더 다채로운 관점에서 언급되고 있었다. 그리고 때로는 결혼을 논하는 데, 사랑은 전혀 언급되지 않기도 했었다.

결혼은 바라보는 이에 따라 여러 의미를 가질 수 있었다.

누군가에게 결혼이란 신분의 상승이었고,

누군가에게 결혼이란 새로운 밥줄이자 안전한 미래였다.

누군가에게 결혼은 의도치 않게 뱃속에 생긴 아이의 결과였고,

누군가에게 결혼은 부모가 점찍어 준 상대와의 접점이었고,

누군가에게 결혼은 상대의 매력이 아닌 상대 부모가 가진 매력(?)으로 가능한 것이었고,

누군가에게 결혼은 오랜 시간을 함께한 연인과 맺어야만 하는 의무이자 의

리였다.

결혼에 대해 가지고 있는 관념에 따라 그들이 선택하는 배우자의 모습과 특징은 각양각색이었고,
결혼의 다리라고 생각했던 사랑은 차후에 노력으로 만들어 낼 수 있는 것처럼 여겨지기도 했었다.

결혼의 법적 정의는 하나이지만, 이를 받아들이는 개인들이 결혼에 부여하는 의미는 다양하다.
사람을 등급으로 나누어 상대를 찾아주는 결혼 업체들의 매출이 지속적으로 상승하는 지금,
나는 결혼 소식을 알리는 지인에게서, 사랑의 결실로써의 결혼을 기대하지 않기로 했다.

명확했던 결혼을 하는 이유가 시간이 갈수록 희미해진다. 결혼을 떠받드는 것이 사랑이 아닐 수도 있음을 알게 되고, 그 사실이 사람들에게도 자연스럽게 받아들여진다는 것을 알게 되었을 때 나는 어른이 되었다. 나는 어떤 결실로써의 결혼을 바라는가를 고민하는 어른이 되었다.

11

돈의 효용.

믿을 수 없겠지만, 많은 가치 중 솔직히 돈은 내게 그리 높은 우선순위가 아니었다.

돈의 중요성을 뼈저리게 체감하며 살아낸 삶이고 시간이었지만, 돈이 내 삶의 우선순위가 되는 그 순간이 정말 돈에 지는 삶이라 생각했었다.

내 앞가림을 할 수 있는 수준의 벌이만 할 수 있다면 만족하자는 생각으로 흥미와 재능에 무게를 두며 생애를 꾸려왔다.

사회에 첫발을 내딛는 순간에도 적성과의 접점이 없다면, 높은 연봉으로 입소문이 자자한 집단도 평생의 고소득이 보장된 전문가 집단도 내 것이 아니라 생각하며 바라지 않았고, 눈길을 주지 않았다.

작년부터 올해까지 나와 내 주변에 참 많은 변화가 있었다. 졸업과 동시에 천직이라 생각했던 자리에서 스스로 이탈했지만, 운 좋게도 생각하지 못한 곳에서 사회의 첫발을 내딛게 됐다.

기타를 배우기 시작했고, 짧은 시간에 다양한 사람을 알게 됐으며, 여러 곳을 여행하며 걸었다. 혼자 살 집으로 이사했고, 하나뿐인 누나는 결혼을 앞두고 있다.

이 크고 작은 변화들을 거치며, 나는 돈이 벌고 싶어졌다. 그것도 많은 돈이.

돈과 삶에 대한 관계 설정에 변화가 생긴 건 아니다.

나사 빠진 생각이라 손가락질 받을 때도 있지만, 여전히 내 손에서 만들어진 결정들과 만들어질 결정들이 향하는 곳은 돈이 아니다.

더 공부하고 더 배울 수 있는 곳으로, 심장이 뛰고 피가 끓는 곳으로 나를 이끌어가고 싶을 뿐, 벌이로 사람의 능력을 평가하는 곳으로 나를 밀고 가고 싶진 않다.

하지만 돈이 가져다줄 수 있는 효용에 대해선 생각이 바뀌었다. 정확하게 말하자면 돈이 내게 가져다줄 수 있는 행복, 특히 내 사람들에게 무언가를 해줌으로써 얻을 수 있는 만족감에 대해 처음으로 생각하게 됐다.

내 주머니의 돈은,
함께하고 싶은 누군가와 함께할 시간을 만들어줄 수 있고, 그 시간이 안전하게 빛날 수 있는 장소를 가져다줄 수 있으며, 그 장소를 채울 수 있는 좋은 음식과 풍경으로 전환될 수 있었다.
가끔은 소중한 누군가의 어깨를 짓누르고 있는 크고 작은 짐들을 내려놓는 데 도움이 될 수도 있고, 그가 오롯한 행복을 영유할 수 있는 방패막이가 될 수도 있다.
결국은 그들의 미소 속에서 행복해할 나를 알기 때문에,
내 주머니를 떠난 돈이 꼭 나를 배 불리고, 나를 입히고 멋 내는 데 쓰이지 않아도, 결국 나를 행복하게 할 수 있다는 데 생각이 닿았다.
어쩌면 진정한 돈의 미학은 거기에 있는 것일 수도 있겠다.

돈이 사랑하는 누군가와의 행복을 받쳐줄 안전한 그릇으로 쓰일 수 있다는 걸, 나는 미처 알지 못했었다.
선물을 사드리기 위해 함께 간 백화점에서 아들 눈치를 보며 가격표를 들춰보는 어머니를 마주하기 전까진,
결혼이라는 성대한 축복을 예산 안에서 생각할 수밖에 없는 누이를 보기 전까진,
형제들과 함께하는 여행을 위해 먹는 것과 입는 것을 아끼는 큰이모를 보기 전까진,
어린 내 생각이 돈이 갖는 진정한 미학을 훑지 못하고 있었다.

나는 행복해지고 싶다. 그래서 많은 돈을 벌고 싶어졌다.

내 배를 기름지게 채우고, 명품으로 나를 휘감은 채 외제 차에서 내리는 그럴싸한 행복을 위해서가 아니라,

내가 아끼는 사람들의 행복의 시간과 장소를 보호하고, 그들의 웃음 속에서 다시 피어나는 나의 진정한 웃음의 행복을 위해서 말이다.

돈은 그 자체만으로 행복을 가져다주진 않지만, 내가 행복을 만들 수 있는 시간과 장소 그리고 상황을 만들어준다. 돈의 미학과 효용은 거기에 있는 것이다.

어설프게 어른이 되었다

12

누군가를 사랑하고 헤어지는 일의 고됨.

누구나 연애를 하고, 누구나 사랑을 한다.
우연한 시간에 우연한 장소에서 우연한 사람과
운명적이며 필연적인 연애를 시작하고, 이윽고 사랑하게 된다.
오가는 메시지와 침대에 누워서 하는 통화 그리고 언제 잡을까 고민하는 두
손 끝에서 연애는 간질하며 아찔하게 시작되는 것이다.

서로의 마음은 서로에게 열린다.
열리고 있는 그 순간에는 눈치채지 못하지만,
언젠가 상대를 물끄러미 바라보고 있다가 알게 된다.
내 마음이 그에게 혹은 그녀에게 동했다는 것을. 활짝 열려, 상대를 반기고
있다는 것을.

하지만 활짝 핀 꽃에게 남은 건 지는 일인 것처럼,
영원할 것 같았던 연애도 순간적인 기분을 이기지 못하고 뱉어진 말들과 가
볍게 놀려진 몸놀림 속에서 서서히 죽어간다.
애정을 나눴던 입은 서로의 잘잘못을 따지고,
서로에게 쌓였던 기대들은 배신과 실망이라는 날카로움으로 서로를 찌르고
벤다.

상대의 차갑고 아픈 말과 행동이, 상대를 위해 활짝 열렸던 가슴에 날아와
박힌다.
가슴을 후벼 파고, 짓이긴다.

그 많은 추억들과 아직 그대로인 것 같은 애정들을 한 움큼 남기고,
나를 찾아왔을 때의 그 길 위로 상대는 걸어 나간다.
불러도 들릴 수 없고, 잡아도 잡히지 않을 곳으로 걸어 나간다.

상처와 흔적들은 쉽게 아물지 않는다.
함께한 장소, 대화, 음악에 묻어 있는 추억의 흔적들은 붉은 상처 위에 떨어
지는 소금처럼 쓰리다.
'그립다'라는 말로 표현하기엔 아프고, '아프다'라는 말로 표현하기엔 그리
운, 그래서 어찌할 수 없는 그 시간을 거치며, 우리는 종종 우리도 모르는
사이 마음을 걸어 잠근다.
어느 정도 시간이 지난 후엔 그 사람이 그리운 것인지,
그 시간 속에 행복했던 내가 그리운 것인지 확신할 수 없게 되지만,
결국 아픔으로 귀결됐던 이전 연애에 우리는 학습된다.
다시 아픈 게 두려워 마음을 걸어 잠그고, 다시 열리려는 마음을 경계한다.

지구가 도는 한, 새로운 인연은 또다시 찾아온다.
이전과 비슷하지만 다른 방식으로 찾아온다.
마주친 눈빛이 빛나고, 서로를 두드린다.
그리고 어느 경계선에 섰을 때, 우리는 알게 된다.
이전의 연애에서 학습한 아픔과 시련이 내 발목을 잡고 있다는 것을.
그리고 선택해야 한다는 것을.
다시 한번 그 지난한 여정을 할 것인지.
아니면 잠겨버린 마음 뒤로 숨어, 안정감을 찾을 것인지.

사람을 좋아하는 일은 여간 어려운 일이 아니다.
인간의 가장 순수한 감정으로 상대를 좋아하고 사랑하는 일은,
어쩌면 나를 그토록 괴롭혔던 그 감정 속으로 나를 다시 밀어 넣는 일일 수
도 있다.

어설프게 어른이 되었다

누군가를 사랑하게 되면서 우리는 한 존재를 사랑하는 일의 그림자를 알게 된다. 사랑 뒤에 도사리고 있는, 내가 감내해야 할 외로움과 두려움을 알게 된다.

그리고 언젠가 새로운 사랑이 내 마음을 두드릴 때, 몸과 마음은 자연스레 이전의 고통을 기억해 내, 나를 방어적으로 만든다. 그래서 누군가를 질리도록 사랑해본 적이 있는 사람은 새롭게 찾아온 사랑 앞에서 더 주저하게 되고 몸을 사리게 된다.

사랑의 여운은 쉽게 가시지 않는다. 지금 사랑하는 사람과의 이 시간이 내게 미칠 영향은 좀 잡을 수 없는 것이다. 누군가를 사랑하고 헤어지는 일은 생각보다 훨씬 고된 일이다.

13

국적을 뛰어넘는 공감대는 소변기 앞에서.

(브라질 교환학생 중)

비가 올 듯 오지 않는 오늘이다. 가장 긴 수업인 정치 수업이 있는 오늘이기도 하다.

1시간 30분 동안 이어진 정치 수업 뒤에 20분의 쉬는 시간이 주어졌다. 강의실을 벗어나 물기를 살짝 머금은 바람을 맞았다. 그 물기가 방광으로 흡수됐는지, 오줌이 마려워졌다. 한 층 아래로 내려가 남자 화장실에 들어섰다.

익숙한 뒷모습이 먼저 작은 일, 즉 소일을 처리하고 있었다. 백발이 잘 어울리시는 정치학 교수님(브라질 사람)이었다. 그의 눈이 나의 눈과 마주쳤다. 그의 눈이 '어'를 말했고, 나의 눈이 '색'을 말했다. 둘이 더해 '어색'이라 하겠다.

하필 비어 있는 소변기는 그의 옆자리밖에 없다. 간단히 눈인사를 하고 그의 옆에 섰다. 어차피 눈이 마주친 이상, 서성거리면 더욱 이상할 테니 어색함을 무릅썼다. 지퍼를 주섬주섬 내린다. 지퍼 사이로 느껴지는 바람이 유난히 차서 낯설다.

차가운 바람을 뚫고 뜨거운 물줄기를 날리고 싶지만, 그의 옆자리에서 어색함을 느끼는 지금, 그 일이 쉽지 않다. 태어나 지금까지 해온 너무나 익숙한 일이지만, 지금은 어렵다. 고장이라도 난 것 마냥, 작동하지 않는다. 금방이라도 뜨거움을 보여줄 것만 같았던, 황금 물줄기는 온 데 간 데 없다. 나는 소변기의 마개만 뚫어져라 본다. 마개는 둥글다. 변기는 하얗다. 그리고 나는 어색하다.

교수님도 어색함을 느끼시는 것 같았다. 하지만 그럼에도 불구하고 그는 소일을 오랫동안 해결하고 있다. 마치 내 것을 다 뺏어 가는 것마냥. 말을 걸어야 할까. 아니, 말을 걸면 이상한 걸까. 왜 그는 이토록 오래 서 있는 것일까. 그도 물기가 방광으로 흡수된 것인가. 어색함에 숨이 막혔다.

더디게 흐르는 시간에 나는 많은 생각을 했고, 집중하지 못하는 내가 미웠다. 드디어 그가 일을 마치고 손을 씻기 위해 자리를 옮겼다. 그가 내 등 뒤로 말을 던진다.

"한국인도 똑같구나."
국적을 뛰어넘는 공감대는 소변기 앞에서 느끼는 '어색'에 있었다.

14

다른 방식으로 청춘을 보낸
그녀의 맞은 편에 앉는다.

　초등학교 때 알게 된 친구가 있다. 또래에 비해 큰 키가 인상적이었던 그녀는 운동도 잘하고 공부도 잘하는, 말 그대로 못 하는 게 없는 팔방미인이었다. 당시 어머니들은 은근 자신의 자식들이 그녀와 친하게 지내길 바라는 눈치였는데, 그녀가 다니는 학원을 알아내 자식을 같은 학원에 보내는 방식이었다. 당시의 나는 어른들이 자주 쓰는 '털털하다'라는 말의 뜻을 몰랐는데, 왠지 그녀가 털털하는 표현에 잘 들어맞는 사람이라고 생각했었다. 그녀를 처음 만나고 얼마 지나지 않아 인근 지역에 초등학교가 하나 생겼고, 그녀는 전학을 가게 됐다. 그 후로 한참 동안 그녀를 볼 수 없었다.

　21살. 입대를 얼마 남기지 않은 날이었다. 하루하루가 시간을 보내는 게 아닌, 시간이 나를 보내는 지극히도 수동적인 날들이었다. 방바닥과 하나가 되어, SNS를 확인하고 있었다. 스크롤을 내리던 내 엄지손가락이 지나는 곳에 그녀의 소식이 있었다. 10년 만의 소식이었다.

　얼마 뒤 나는 입대를 했고, 짧은 머리와 새카만 피부로 제법 군인다워 보일 때 휴가를 나왔다. 꽃놀이가 한창이던 봄날, 카페라는 말보다는 다방이라는 말이 어울리는 카페에서, 나는 그녀 맞은편에 앉아 있었다. 그녀를 처음 본 초등학교가 가까운 곳이었다.
　그녀는 초등학교 선생님이 되기 위해 교대에 진학했다고 말했다. 그녀 특유의 시원하고 털털한 매력은 10년의 세월이 지났음에도 건재함을 과시하고 있었다. 그녀를 털털하다고 생각했던 어린 날의 내 생각이 맞았다는 생각이 머리를 스쳤다. 나보다 키가 커, 항상 올려보며 대화했던 초등학생 때의 기억이 10년의 세월을 지나 그 자리에서 이어지고 있었다. 세월이 무색할 만큼 어색함이란 없었다. 바로 어제 대화를 나눈 것처럼 편안했다. 어린 시절의 추억을 공유했다는 게 이렇게 무서운 거구나 싶었다.

그 후로 그녀와 거리낌 없이 소식을 물을 수 있는 사이가 됐고, 휴가 때면 항상 서로의 맞은편에 앉아 이야기를 나누었다. 내 계급이 올라갈수록 그녀는 학년이 올라갔고, 내가 아직 정해지지 않은 미지로 나아갈수록, 그녀는 교사의 길로 나아갔다.

상병 휴가 때, 나는 그녀에게 말했다.
"나 호주에 갈 거야, 거기 가서 아직 경험하지 못한 것들을 경험하고 싶어."
얼마 전 머리를 짧게 잘라 어색하다고 말하던 그녀가 어색하지 않은 미소를 내게 보였다. 그것은 응원이었다. 나도 그녀를 보며 웃었다. 그것도 그녀를 향한 나의 응원이었다. 임용고시를 준비하기 시작한 그녀를 위한 응원이었다.

전역을 하고 호주로 떠났다. 이곳저곳을 옮겨 다니며, 부딪혔고 넘어졌다. 미지의 세계로 마음껏 손을 뻗고, 정해진 것 하나 없는 여정을 떠났다. 운 좋게 호텔에서 새로운 일을 시작했을 무렵, 그녀에게서 연락이 왔다. 그녀가 임용고시에 붙은 것이었다. 수화기 너머에서 나는 웃고 있었다. 그녀는 나의 호주 생활에 대해 물었고, 나는 극적인 요소들을 부각해 이야기를 늘어놓았다. 그녀도 웃고 있었다.

일 년의 시간이 지나고, 귀국과 동시에 복학했다. 4년 만에 돌아간 학교는 왠지 내 자리가 아닌 것 같이 어색했다. 그녀는 그리 크지 않은 초등학교에서 근무하고 있었다. 그해 겨울 우리는 다시 만나 환담했다. 나는 아직도 정해진 것 없는 미지를 걷고 있었고, 그녀는 삶에 안정감을 더하고 있었다. 학교 안팎을 오가며 항상 새로운 것들에 매료됐던 나는 그녀의 생활이 궁금했고, 그와 달리 확실하고 안정적인 하나에 매료된 그녀는 내 생활을 궁금해했다. 우린 다르게 20대 중반을 넘기고 있었다.

그녀가 운전 중 당한 교통사고의 후유증이 아직 다 가시지 않은 어느 날, 나는 그녀의 병문안을 갔다. 침대에 누워있는 그녀 맞은편에 앉았다.

"나 브라질에 갈 거야, 거기 가서 새로운 세상을 보고 싶어"

상병 휴가 때 호주에 가겠다는 과거의 내 모습 위로 현재의 내가 오버랩 되는 순간이었다. 나는 다시 미지가 궁금했고, 더 넓은 세상을 보고 싶었다.

"거긴 너무 위험한 거 아니야?" 그녀가 걱정하듯 물었다.

나는 그녀 앞에서, 어머니를 설득하는 아들처럼 그럴싸한 말들을 늘어놓았다.

"그래도 몸조심해" 그 말로 나는 그녀에게서 허락 아닌 허락을 받았다. 식어버린 핫초코를 한 모금 더 마시는 것으로 갑자기 찾아온 침묵을 달랬다.

얼마 뒤 다시 만난 그녀에게 나는 근황을 물었다. 초등학교 6학년 아이들의 담임이 된 그녀였다. 그녀는 맑은 목소리로 침묵을 깼다. 즐거운 대화 뒤 식당을 나서는 그녀는 "이런 건 돈 버는 사람이 사야지~" 하며 빙그레 웃었다. 집까지 차로 데려다준 그녀에게 나는 고맙다고 말했다. 한국을 떠나기 전 우리의 마지막 대화였다.

얼마 뒤 나는 출국했다. 다시 정해진 것 하나 없는 곳으로 무언가를 정하러 가는 기분이었다. 브라질은 넓었고, 나는 작았다. 무수히 많은 사람이 나와 함께 살아가고 있었고, 나는 그저 하나였다. 오감을 활짝 연 채 시간을 보냈다.

그리고 8월. 애당초 계획했던 일 년의 절반이 지난 순간이었다. 어머니가 보내주기로 한 방값이 아직 들어오지 않아, 메시지를 보내려는 순간이기도 했다. 이역만리 이곳에서 나는 26살 대학생이었다. 사지는 멀쩡하지만 어머니께 방값을 받아야만 하는 26살의 남자였고, 아직도 호구지책을 어떻게 마련할 것인지 고민하는 방랑자였다. 나는 어머니께 보내려던 문자를 지웠다. 그리고 귀국을 선택했다.

귀국하는 비행기에서 내가 왜 그녀 생각을 하고 있었는지는 잘 모르겠다. 다만 모종의 부러움 같은 것들이 마음 깊은 곳에서 스르륵 피어나고 있었다. 아직도 불확실하고 불안정한 곳에 있던 나는, 흔들리는 비행기 어느 좁은 자리에 앉아, 튼튼하고 널찍한 의자에 앉아 있을 그녀를 생각하고 있었다. 당장 남은 생활비를 계산하고 있던 나는 내 맞은편에 앉아 있던 그녀가 부러웠던 게다.

그리고 불현듯 그녀가 언젠가 했던 말이 떠올랐다.

"나는 네가 부러워. 자유롭게 도전하고 경험하는 네가 가끔은 부러워. 나는 이미 길이 정해진 것 같아서 아쉬울 때가 있거든."

출국을 앞두고 불안과 기대로 가득하던 내게 그녀가 던진 말이었다. 촌스러운 보라색 패브릭 소파가 인상 깊었던 그 카페에서 그녀는 말했고, 그녀는 언제나 그랬듯이 내 맞은편에 앉아 있었다.

나는 그녀를 부러워하고 있었고, 그녀는 나를 부러워하고 있었다. 우리는 서로의 맞은편에 앉아 있었다.

15

오늘의 가치 판단을 맹신하지 않는다.

호주는 그 이미지에 걸맞게 Sunny day가 많았다.

호주 사람들은 해가 좋은 날에는 수영복과 코코넛 오일을 챙겨 잔디에 드러누워 선탠을 즐겼다.

2015년 호주에 처음 도착한 나에게 그 모습은 생경했다. 나는 그저 덜 타기 위해 선크림으로 중무장을 하고 햇빛을 가리기 위해 모자를 썼었다.

"Good morning" 하며 아침인사를 하는 게 익숙해졌을 무렵, 나는 그들의 그을린 피부에 매력을 느끼기 시작했고 오히려 하얀 피부는 촌스럽다고 생각하기 시작했다.

그리고는 해가 좋은 날 몸을 태우는 그들 옆에 한 자리 차지했었다. 코코넛 오일도 하나 사는 걸 잊지 않았다. 이리 눕고 저리 누우며, 상병 초 정도의 피부색을 갖게 됐을 무렵에는 의식하지 않아도 그을린 피부가 매력적이라고 생각하기 시작했다.

얼마 뒤 귀국을 하고 복학을 했다. 가을 학기였는데, 내가 그 강의실에서 가장 까만 것 같았다. 나만 옆이 휑한 나시티를 입고 있었고, 쪼리를 신고 있었다. 호주에선 항상 자부심과 멋을 가져다준 나시티가 그저 난닝구 그 이상도 이하도 아닌 것 같았다.

"좋은 아침입니다." 내가 다시 한국의 아침 인사에 익숙해졌을 때, 나는 미백 화장품을 사고 있었다. 인기 있는 내 또래 남자들은 죄 다 하얀 것 같았다. 선탠 같은 건 생각도 안 하고, 햇빛을 피해 다녔다. 전역하기 직전의 피부색으로 돌아왔을 땐, 하얀 피부가 매력의 상징이라 생각하고 있었다.

그리고 2018년 열정의 나라 브라질로 향했다. 비행기에서 내린 나는 흰 와이셔츠와 진한 청바지를 입고 있었고, 미백 기능이 있는 선크림으로 백의민족임을 자부하고 있었다.

다니게 될 학교 근처에서 숙소를 구했다.

첫 인사를 하는데, 남자들은 모두 축구 반바지에 쪼리를 신고 있었고, 상의는 탈의했거나 민소매를 입고 있었다. 그을린 피부의 여자 친구들은 내게 화장했냐고 물었다. 하얀 피부를 되찾은 자부심이 그들에게는 먹히지 않을 것이란 걸 빠르게 알아챘다.

나는 다시 태닝을 하기 시작했고, 와이셔츠나 청바지 같은 옷은 거들떠보지도 않은 채 걸친 듯 만 듯한 옷들을 입었다. 브라질 친구들의 멋을 따라한 것이다. 한국에서는 생각도 안 했던 수염도 조금 길렀다. 그리고 발등이 쪼리 자국을 남긴 채 검게 탔을 때는 브라질 사람들이 일본 교포라 여기는 수준의 외관을 가질 수 있게 됐었다.(브라질에는 일본 교포들이 많다) 나는 그게 진심으로 좋았다.

학기를 마치고 한국으로 돌아와 나는 다시 복학을 했다. 그리고 다시 강의실에서 가장 검은 피부를 가진 사람이 돼 있었다. 귀국한 지

꽤 시간이 지난 지금 나는 더 이상 미백 기능이 있는 화장품을 쓰고 있진 않지만, 선크림을 열심히 바르고, 가급적이면 덜 타려고 노력하고 있다. 하얀 피부가 다시 미의 기준이라는 생각이 드니깐 말이다.

　나는 오늘도 많은 것을 판단하고 정의하며 평가한다. 판단과 정의와 평가 위에서 나는 선택하고 내 삶은 나아간다. 나는 그 선택에서 만족의 감정을 느끼기도 불만족의 감정을 느끼기도 한다. 하얀 피부와 그을린 피부 사이에서 만족하고 불만족했던 나처럼.

이 일련의 선택의 과정은 특정한 배경과 상황 속에서만 이뤄진다.
영원하지도 않고, 획일적이지도 않다.
배경이 바뀌고 상황이 바뀌면, 내가 웃으며 내린 선택이 결국 나를 울릴 수도 있고,
내가 울며 내린 선택이 결국 나를 웃게 만들 수도 있다.
그러니 영원한 환희도 없고, 영원한 좌절도 없다.
너무 으스댈 필요도 없고, 너무 기죽을 필요도 없다.
적당히 그을리고 적당히 하얀 지금의 내가 알게 된 사실이다.

짜증과 분노에 속아 애정하는 이에게 상처를 준다.

내가 아닌 다른 누군가와 시간을 함께 보낼 땐 늘 분쟁이 있기 마련이다.
상황이 조금만 달라도, 원하는 바가 조금만 달라도 분쟁과 충돌은 발생할
수 있다.
특히 감정과 마음이 깊게 연루돼 있을수록 충돌은 더 잦아지고 쉬워진다.
그래서 우리는 가족과 싸우고 애인과 싸우고 친구와 싸운다. 비록 서로가
서로를 사랑하지만 말이다.

상대에 대한 사랑이 기대를 수반하게 될 때 충돌은 쉬워진다.
편하고 익숙해진 상대에게 불만족의 말들을 주고받으며 쌓여가다, 어느 순
간 싸움의 불이 붙는다.
순간적으로 피어오르는 짜증과 분노의 감정은 삽시간에 번져 그 순간을 불
태운다.
날카롭고 아픈 말로 상대를 태운다. 기대하는 바가 컸던 만큼 불은 거세고
뜨겁다.

짜증과 분노의 감정은 순간적으로 위세를 강하게 떨치지만, 휘발성도 강하다.
호흡 몇 번, 손 씻기 한 번이면 어김없이 사라진다.
그리고 빈자리에는 서로 치고받은 흔적만 덩그러니 남는다.
오직 내 입장에서의 대변, 변명 그리고 섭섭함으로만 가득 찼던 머리와 마
음에
역지사지의 지혜가 찾아오고, 이윽고 미안함이 찾아온다.
충분히 헤아릴 수 있었고, 이해할 수 있었던 상대의 입장을 무시한 채 사납

게 달려든 나의 날카로운 말과 눈빛이 금세 후회가 되는 것이다.

돌이켜 보면 사랑하는 사람에게 오롯한 사랑과 애정을 전달한 기억만큼, 섭섭함이라는 이름 뒤에 숨어 상처와 아픔을 준 기억도 많다.
누군가는 표현된 애정보다 쌓인 상처가 많아 떠나갔고, 누군가는 그럼에도 불구하고 내 옆을 지켜주고 있다.

몇 번씩 상대의 입장에서 생각해보려 애써도 쉽지가 않다.
특히 친애하는 존재일수록 더더욱 어렵다. 돌아서면 분명 후회하고 미안해할 걸 알면서도, 분노가 고개를 넘어 나를 찾아오는 바로 그 순간을 견뎌내는 일은 늘 어렵다.
역지사지의 미덕이 내 감정의 입구에 서서 불청객인 짜증의 방문을 막아주면 참 좋으련만.

감정을 완벽히 다스릴 수 없는 인간인 이상, 아무리 후회하고 통념해도 짜증과 분노가 애정 위로 피어나, 나를 엄습하는 일을 막을 순 없을 것이다.
다만 내가 그 짜증과 분노 앞에서 타협할 수 있는 것은, 말끝을 최대한 뭉뚝하게 만들어 내 입장을 가능한 객관적인 표현으로 전달하고, 노의 감정이 피어나기 전 상대를 넘치게 아껴주며, 느끼고 있는 감정을 온전히 표현하는 일이지 않을까 싶다.

내 분에 못 이겨 또 한 번 사랑하는 이에게 상처를 준 밤.
순간적으로 찾아온 짜증과 분노에 다시금 속아, 의도치 않게 목소리를 높였던 그 밤.
분노가 가신 뒤 허탈함과 미안함이 동시에 찾아와 어쩔 줄 몰라 했던 바로 그 밤에,
나는 다시 한번 순간의 감정에 속은 나를 원망했다.

17

되고 싶은 나와 현실의 나 사이에서 고민한다.

사람들은 누구나 '되고 싶은 내'가 있다.
지금 어떤 현실에 발 딛고 섰는가와 상관없이,
어떤 어려움에 봉착했는가와 상관없이
자신의 철학과 이상을 집대성한 '나'가 존재한다.

철저히 바람과 소망으로 이뤄진 되고 싶은 나는,
내가 걸어가는 길마다 몇 발자국씩 앞서 나가
나아가야 할 방향을 알려주고, 남은 거리를 가늠하게 해준다.
그리고 기꺼이 그 거리만큼을 걸어 나갈 힘과 용기를 준다.

세상에 좋은 것들 멋진 일들을 알아갈수록,
'되고 싶은 나'는 걸음의 속도를 올리고 보폭을 키워간다.
현실의 내가 내딛고 있는 보폭은 크게 늘지 않았고,
내가 마주하는 풍경은 그대로지만,
되고 싶은 나는 저만치 뛰어가기 시작한다.

그러다 그 거리를 실감하게 된다.
되고 싶은 나와 현실의 나의 격차가 두드러지는 순간이 온다.
그 인식의 순간은 제법 아프고, 꽤나 고통스러울 수 있다.
수많은 이들이 그 격차 앞에 멈춰 서 나아가지 못하고 있으니 말이다.

선택을 해야 할 때가 온다.

오늘의 내가 내딛고 있는 보폭을 늘리고, 걷는 양을 늘리며 필요하다면 뛸 각오를 할 것인지.

아니면 그 격차 앞에서 멈춰 서 되고 싶은 나를 포기하고, 그나마 될 수 있는 나를 선택할 것인지.

벌어진 격차 앞에서 우리는 선택을 해야 할 때가 온다.

세상의 목소리는 하나로 모여 전자를 응원하고, 후자를 꺼린다.

패기 있게 달려들어, 되고 싶은 내가 되라고.

하지만 우리 모두는 어느 순간 깨닫게 된다.

어쩌면 후자의 삶이 더 편할지 모른다고.

어쩌면 후자의 삶이 더 행복할지 모른다고.

내가 생각만큼 훌륭하지 않은 존재일 수 있음을 자각할 때,

내 앞에 산재한 어려움을 뚫고 나가는 것에 도무지 자신감이 생기지 않을 때,

그리고 발자국을 내딛기 전 내 나이를 계산하게 될 때,

우리는 어쩌면 후자의 삶이 더 나을지도 모른다는 생각을 하게 된다.

되고 싶은 나와

현실의 나의 격차를 이해하는 것.

그리고 선택의 순간을 마주하며,

현실의 나로 만족하며 살아가는 것도

썩 나쁘진 않다는 걸, 자의로 그리고 타의로 이해하게 되는 것.

내게 어른이 된다는 건 그런 것이다.

18

현재 서 있는 곳에서의 즐거움.

흔히 사람들은 인생을 산에 비유하곤 한다.
목표나 이상 같은 것들을 산의 정상에 빗대고,
정상으로 향하는 길을 목표와 이상에 닿기 위한 노력의 여정이자 피땀의 기록에 비유한다.
산을 오르는 길에 마주하는 풍경은 삶의 풍경이고, 오르막이 주는 피로는 삶의 피로가 될 것이다.

내게도 늘 오르고 싶은, 그리고 오르고 있는 산이 있다.
거창한 목표를 정상에 찍어 놓은 높고 높은 산부터,
매일 매일 오르고 내리기 반복하는 둔덕까지.
한 번에 많은 산을 걷고 있으면서, 결국에는 아주 큰 하나의 산을 걷고 있다.

오르는 일은 지난하다.
내 맘처럼 쉽지 않을 때도 있고,
때로는 나아가야 할 길이 숲에 가려 보이지 않을 때도 있다.
가끔은 불청객이 찾아와 길을 막아서며 스트레스를 줄 때도 있다.
그래서 우리는 멋들어진 산을 넘어선 이들에게 찬사를 보내며 동경한다.

세상은 일찌감치 정상을 맛본 이들에게 돈과 명예라는 부산물을 준다.
그의 정상이 독보적일수록 더 험난할수록 부산물의 부피는 거대해진다.
각자의 삶의 자리에서 산을 오르고 있는 사람들에게 이는 부러움의 대상이 된다.

동시에 나 역시도 꾸준히 이 길을 걸어낸다면, 언젠가 정상에서 야호~ 하고 우렁차게 소리칠 환희의 순간이 올 것이라 믿게 된다. 그리고 그 믿음으로 다시 험난한 길을 걸어갈 용기를 얻는다.

산을 오르는 일은 좋다.
무언가를 이뤄내고 만들어낸다는 측면에서 삶은 오름의 미학이라 말해도 과언은 아닐 것이다.
하지만 간혹 우리는 정상에만 몰두해 내가 지나고 있는 이곳의 풍경에는 눈길도 주지 않은 채, 고개를 푹 숙이고 오르고 오르기만 반복할 때가 있다.
가진 현실에 비해 높은 이상을 가질수록, 더 큰 꿈을 가질수록 그런 경향이 강해지는데, 나 역시도 그런 부류의 사람임을 애써 감추고 싶지는 않다. 오름의 미학에 삶의 가장 큰 재미를 겹쳐 놓은 그런 류의 사람임을 굳이 부인하고 싶지 않다.

늘 먼저 이 산을 정복한 이들을 동경한다.
늘 고개를 들어 남은 길을 살피고, 다음 발걸음을 준비한다.
내가 남긴 발자국이 무엇이었는지는 잊은 지 오래고, 내가 어디를 지나고 있는지 돌아보지 않았다.
그리고 가끔은 너무도 길게 남은 길에 좌절도 한다.
기를 쓰고 올랐으나, 아직 산의 중턱도 지나지 못했음에 울상이기도 하다.

산을 오르는 기쁨보다 올라야 한다는 스트레스와 많이 오르지 못한 열등감에 사로잡혀 허덕일 때가 많아진 요즘. 봉사활동에 여념이 없는 어머니를 마주한다.
주말마다 바삐 움직여, 자신보다 못한 이웃을 손수 앞장서 챙기고 있는 어머니다.
노인들을 위해 김장을 하고, 보육원 아이들을 목욕시키며 어머니의 얼굴에 웃음꽃이 핀다.

가끔 어머니는 내게 말한다. 가진 것들에 감사하라고.

네가 찍은 발자국들과 그 발자국을 찍을 수 있었던 환경에 감사하라고.

부유한 삶과는 거리가 먼 삶을 살아온 나의 어머니. 오늘도 봉사활동으로 하루를 보낸 어머니가 오르지 못한 산에 대한 아쉬움으로 하루를 보낸 아들에게 전하는 말이다.

꿈이라는 정상을 향해 산을 오르는 건 분명 중요한 일이며,

인류의 번영도 여기에 있었을 것이다.

하지만 고개를 들어 남은 여정을 살피고 올라야 할 곳에 눈길을 주는 것만큼이나,

발걸음을 멈추고 내가 걸어온 곳을 살피는 일이 중요하다는 생각을 한다.

숨 쉬고 있는 지금 이곳에서, 나를 둘러싼 꽃과 나무를 즐길 수 있다는 것은 삶의 거대한 축복이다.

내가 서 있는 이곳과 지나온 곳에 만족하는 일이 번영을 가져올 수 없을진 몰라도, 분명 고마움과 성숙한 행복을 줄 것이라 믿는다. 웃음꽃이 핀 어머니를 보며 생각한다.

어설프게 어른이 되었다

운의 영향력을 다시 생각하게 된다.

무언가를 이뤄낸 사람들이 소회를 밝힐 때 하는 말 중, "운이 좋았습니다"는 단골 멘트이다. 이 말을 들은 청중들은 겸손하다며, 칭찬에 칭찬을 덧붙이지만,

어쩌면 운이 좋았다는 말은 그들이 정말 솔직하게 느낀 바를 말한 것일 수도 있겠다는 생각을 한다.

길흉과 화복이 얽히고설켜 씁쓸한 고배를 마시는 사람 뒤로 환희의 쾌재를 부르는 사람이 한 폭의 그림으로 어우러지는 세상에서, 운은 내가 생각했던 것보다 영향력이 더 강했다.

목표에 다다르는 기본이 노력이라면, 이를 결정짓는 마지막 한 조각은 운이지 않을까 싶은 생각이 들 정도이니, 나는 운을 경외한다고 말해도 무리는 없을 것이다.

돌아보면, 살아오면서 달성한 작고 다다한 성공들 중 운을 빼놓고 언급할 수 있는 것은 없었다. 성과로 이어졌던 도전과 승부에서의 내 노력이 성공적이지 않았던 상황에서의 노력보다 뛰어났다고 말할 수 있는 순간은 드물다. 매번 모든 상황에서 최선의 노력을 부었다. 차이라면 결국 운이었다. 노력이 달성과 성과의 필요조건이라면 운은 충분조건이었다.

운에 대한 나의 생각은 더욱 강화됐고, 확장됐다. 자타공인 명문대학을 다니고 있는 누군가가, 노력해서 그 대학에 온 본인과 동문들을 위해 학벌주의가 더 강해지면 좋겠다고 말했던 그 언저리부터, 나에게 운이라는 단어는 확대됐다. 승부를 가르는 것이 운이었다는 생각이 이전의 것이었다면, 노력의 상황을 만들어주는 것부터, 아니 애초에 시작부터 운에 지배를 받을 수밖에 없다는 생각을 하게 됐다.

그 명문대생의 글에 달린 댓글 중 하나는, 본인이 노력할 수 있었던 환경, 즉 공부에 집중할 수 있었던 환경에 대한 이야기였다. 다른 일에 신경 쓰지 않고 오로지 학업에만 열중할 수 있는 환경 속에서 이뤄낸 성과가 명문대 진학이라면, 환경도 본인이 노력한 것이냐는 물음이었다. 노력을 하고 싶어도 할 수 없었던 이들과 애초에 명문대에 입학하는 것이 의미하는 바가 무엇인지 모를 수밖에 없던 이들에게 노력하지 않았다는 주홍글씨를 새기는 것은 합리적인 일인가.

출생 자체가 우연이고 운이다. 어느 부모 밑에서 내가 탄생할 것인지, 그에 앞서서는 나라는 존재가 태어나긴 할 것인지 자체가 임의였다. 태어나보니 누구나 부러워하는 화이트 컬러 직업의 누군가가 부모였던 것이고, 태어나보니 밥 굶지 않는 것이 유일의 목표인 누군가가 부모였던 것이다. 부모가 물려준 좋은 환경에서 최고 수준의 교육을 받다 보니 사회가 인정하는 어느 경계를 넘을 수 있었던 것이고, 가장 가까운 거리에서 부모에게 보고 배운 것이 없어, 혼자 아등바등 살다 보니 어느새 노력하지 않은 사람으로 여겨졌던 것뿐이다.

물론 이 생각이 호의적인 환경에서 노력해 성과를 낸 이들의 노력을 무시하는 건 아니며, 호의적이지 못한 환경에 주눅이 들어 아득바득 도전하지 못한 이들의 게으름과 아둔함을 옹호하는 것도 아니다. 양질의 토양과 풍부한 영양분만으로 꽃이 피어나는 것은 아니며, 갈라진 시멘트 사이에서도 풀꽃은 피어날 수 있음을 알고 있다. 하지만 분명 운에 의해 결정된 환경은 무시할 수 없으며, 누군가의 현재를 운을 빼놓고 설명하긴 어렵다. 2017년 자료에 따르면 한국에 존재하는 4년제 대학 중, 저소득층의 비율이 가장 낮은 학교는 서울대였다.

눈부시게 쭉쭉 뻗어 가는 유복한 집안의 주변인들과 현재의 고난에 발이 묶여 애면글면하는 궁핍한 집안의 또 다른 주변인들이 혼재하면서, 나는 다시 운에 대해서 생각하게 됐다. 나를 선택했던 운들에 대해 생각을 하고, 내게 허락되지 않았던 운들에 대해서도 생각하게 된다. 나는 운이 좋은 것일까, 운이 나쁜 것일까. 운이라는 절대자 앞에서 던지는 의문이다.

내가 싫어하는 나의 모습을 마주한다.

오늘의 온전한 나로 살아갈 수 있게 만들어 주는 수많은 모습의 내가 존재한다.

세련된 멜로디의 신곡보다 촌스럽고 투박한 멜로디의 고전 음악을 좋아하는 나도 있을 것이고, 생각을 정리하며 적당한 속도로 산책하는 것을 좋아하는 나도 있을 것이다. 눈을 마주치며 얘기하는 걸 좋아하는 나와 아침에 출근해 커피를 마셔야만 일을 할 수 있는 나도 빼먹을 순 없을 것이다.

나는 나를 구성하고 있는 내 모든 모습의 총합이다.
내 의식과 무의식이 이끄는 말과 행동들 그리고 감정들 속에서 나는 만들어진 것이고,
나를 훑고 간 모든 시간, 장소 그리고 사람들의 영향이 나를 완성시켰을 것이다.
과거의 모든 발자국에 나의 조각조각은 흩어져 있고, 그 모든 조각은 오늘 일제히 모여,
나를 구성하고 나를 움직이고 나를 유일한 존재로 만들어준다.

나를 구성하는 하는 수많은 나 중에는, 나에게 익숙하고 편한 존재들이 있다.
자부심을 느끼는 나의 모습이 그럴 것이고, 이성에게 어필할 때 부각시키려는 장점이 그럴 것이며,
시간과 에너지를 투자해 이뤄낸 성과 역시 그럴 것이다.
스스로를 제법 괜찮은 사람이라 인식할 때, 높게 쌓여진 자존감 뒤에는 내가 좋아하는 내가 가득하다.
하지만 반대로 내가 극구 부정하지만, 어쩔 수 없이 나인 모습들이 있다.

지독하디 지독한 열등감에 시달리면서 누가 이 열등감을 알아차릴까 전전 긍긍하는 나의 모습이나, 상대의 비판에 민감한 나, 무언가 의미 있고 생산적인 일을 하지 않으면 불안한 마음을 떨칠 수 없는 나의 모습은 내가 인정하고 싶지 않아도 어쩔 수 없는 또 다른 내 모습이다.

새로운 삶의 무대에 설수록, 새로운 환경에 노출될수록 나이고 싶지 않은 내 모습들이 툭툭 튀어나온다. 원하는 대로 풀리지 않는 상황과 어려움을 느끼는 상황 속에서 인정하고 싶지 않은 내 모습들을 보게 된다.
예전 같지 않은 친구와의 관계 속에서, 새로운 국면을 맞이하는 연애 속에서, 가끔씩 낯설게 느껴지는 가족 앞에서, 어쩔 수 없이 부딪히는 상사와의 관계 속에서,
그리고 마음처럼 쉽지 않은 세속적 성공과 바람 잘 날 없는 일상에서 받아들일 수 없는 나를 마주하는 순간이 늘어간다. 스스로도 낯설지만, 어쩔 수 없이 나인 모습을 마주하게 된다.

나를 지배하는 낯선 감정들, 내 입에서 나왔으나 도무지 납득할 수 없는 말들, 이전까지의 나를 속이는 행동들에서 나는 가끔 내가 알던 나를 의심하고, 알다가도 다시 모르겠는 나를 생각한다.

그래도 어쩔 수 없다. 좋든 싫든 부정할 수 없는 내 모습이고, 수많은 나 중에서 하나라도 없으면 오늘의 온전한 내가 될 수 없으니 말이다.

대학 문턱 하나 넘고, 운 좋게 밥벌이를 할 수 있게 됐고, 더 운이 좋게도 새로운 사람들과 관계를 형성하게 됐을 뿐인데, 낯선 나를 마주하는 순간이 잦아진다. 가끔은 내 기대와 다른 나의 모습이 싫어 강하게 부정하며 충돌할 때도 있지만, 이 글을 쓰는 김기수는 내가 싫어하는 김기수들 앞에서 무력할 뿐이다. 받아들일 수밖에 없고, 타협할 수밖에 없다.
그렇게 인정하고 싶지 않은 나의 모습들을 인정하면서 나이를 먹어 가고, 어른이 돼 간다고 자위를 해 본다.

둘

연애를 할 땐 상대를 구차하지 않게 만드는 것이 최고의 배려라고 생각한다.

타인과 할 수밖에 없다는 연애의 특성상, 상대를 배려하는 일은 기본 중의 기본이다. 그 연애가 의미 그대로, 다른 이해 관계없이 그저 감정적인 동요에서 시작되고 유지되는 관계라면 말이다. 그래서 상대를 얼마나 배려하는가는 마음을 가늠해볼 수 있는 가늠자의 역할을 할 때가 많다.

하지만 같은 마음이더라도 배려를 표현하는 방법은 천차만별이다. 상대를 위하는 마음은 같아도, 그 마음을 표현하는 방법은 당사자마다 다르기에 그가 한 경험이나 생각에 따라서 배려의 모습은 각양각색이다.

그중 최고는 상대가 구차함이나 쿨(Cool)하지 못한 느낌을 받지 않도록 하는 게 아닐까 싶다. 상대가 어떤 말과 행동을 취함으로써 구차함이나 쿨하지 못함을 느끼기 전에, 미연에 무언가를 하는 것이 배려의 행동 중 최고라고 생각한다.

쉬운 예를 들어 생각해보면 이해가 쉽다. 예를 들어, 애인이 내가 아닌 다른 누군가와 약속이 있는 상황을 생각해보자. 적어도 여자친구 혹은 남자친구라는 관계에 놓인 상황이라면, 만나는 사람이 누구인지, 어디서 그리고 왜 만나는지는 궁금할 수밖에 없다. 하지만 궁금한 것과 별개로 직접 묻는 것은 어렵다. 특히 연애에서 쿨(Cool)하지 못한 행동(?)이 '집착'이라는 부정적 어감과 결부된 채 사용되는 우리 문화에서는 더욱이 그러하다.

"오늘 누구 만나는데?"라는 나의 자존심이 허락하는 한도 내에서 물을 수 있는 최대의 질문이, "친구~"라는 너무도 포괄적이어서 아무런 정보도 주지 못하는 대답 아닌 대답에 가로막힐 때, 더 물어 나가는 것은 어렵다. 도대체 어떤 친구인지, 어디서, 왜 만나는지, 내 궁금증을 혹은 궁금증을 위시한 질투나 불안을 완전히 해소할 수 있는 질문까지 나아가는 일은 어렵다는 말이다. 그래서 많은 경우, 적당한 선에서 스스로 타협해버린다. 석연치 않지만 어쩔 수 없는 일이라 생각해버리는 것이다.

이런 상황에서 만약 상대가 묻지도 않았는데 육하원칙에 따라, 누구와 언제 어디서 무엇을 어떻게 왜 할지 말해준다면 그것만큼 고마운 일은 없다. 너무나 궁금하지만, 차마 자존심이 허락하지 않고, 구차함을 보이고 싶지 않아서 물을 수 없었던 그 궁금증을 상대가 선제적으로 해결해 줬을 때, 나는 진심으로 존중받고 있다는 생각을 했었다.

돌이켜 생각해 보면, 그런 존중과 배려를 느꼈을 때, 상대에게 향하는 나의 마음도 제동 없이 나아갈 수 있었다. 물론 상대의 배려가 먼저였는지 나의 배려가 먼저였는지를 판단하는 것은 달걀과 닭의 논쟁처럼 아리송한 문제이지만, 결국 서로가 존중할 때 관계는 나아갈 수 있었고, 존중의 방법 중 제일은 상대를 구차하지 않게 만드는 일이었다.

좋아한다면, 상대가 구차함을 느끼며 자존심이 깎여 가도록 내버려 두지 말아야 한다.

말도 없이 핸드폰 너머로 사라진 누군가를 기다리며 나는 생각했었다.

어설프게 어른이 되었다

타국에서 맡는 계절의 향.

계절이 지나가는 모든 하늘에는 고유한 향이 있고, 하늘에는 국경이 없다. 여름이 지나가고 있는 브라질 하늘은 여름이 지나가던 한국 하늘의 향으로 가득하다.

뉘엿뉘엿 해가 지는 저녁, 익숙한 향을 맡고 있으면 익숙한 곳을 걷고 있는 착각을 한다. 그 향에는 많은 사람들이 녹아 있다. 지금쯤 봄이 찾아온 한 국 하늘을 보고 있을 사람들이 향기에 실려 있다.

하지만 이곳에 이 정겨운 향을 공유할 사람은 없다. 이 향 속에서 같은 대상 을 그리워할 누군가가 없다.

외로움이란 친구가 없어서 겪는 것이 아니다. 외로움이란 추억을 공유할 사 람이 없기에 겪는 것이다. 같은 향을 맡으며 추억을 만들었던 그리운 이들이 지금은 다른 향을 맡고 있으니 나는 외로울 수밖에.

나이를 먹을수록 타향살이가 어려워지는 이유는 다른 데 있는 게 아니다. 새로움으로 나를 채우기엔 이미 너무 많은 추억들이 들어차 있기에 힘든 것 일 게다.

아마도 내 인생에 이민은 없을 것 같다.

우리는 가정을 이루며 부모의 죽음을 견딘다.

우리는 태어나는 순간 부모님이 일군 '가족'이라는 집단에 속하게 된다. 딸 혹은 아들이라는 이름으로 가족에 속하게 되어, 넘치는 사랑을 받으며 자란다. 무상으로 제공되는 의식주는 덤이다. 혼자서는 먹지도 싸지도 걷지도 못하는 의존적 존재로 태어났으나, 금세 자라서 개인의 독립적 삶을 만들어 가는 성인이 된다. 그리고 일정 나이가 되면 본인과 평생을 함께할 짝을 만나게 되고, 그 인생의 동반자와 함께 '가족'을 만들게 된다. 내 어머니와 아버지가 그랬듯이.

어머니, 아버지가 주도하고 나와 내 형제가 구성원으로 있던 '가족'이라는 개념과 나와 내 짝이 주도하여 만드는 '가족'이라는 개념이 공존하는 시기가 찾아온다. 나의 부모님이 할머니, 할아버지가 되는 그 순간이 바로 이때이다. 가족이라는 개념을 생각했을 때, 내가 속해 있는 두 집단이 동시에 떠오르게 되는데, 양쪽 집단에서 사랑을 모두 느낄 수 있는 완연한 시기라고 할 수 있다.

하지만 자식이 자라고 내가 일군 가정에 더 몰두하게 되면서, 가족이라는 개념은 무게 추를 옮기기 시작한다. 이전에는 부모로부터의 가족과 내가 일군 가족 사이에 무게 추가 자리했지만, 서서히 움직이기 시작하여 내가 부모로서 만든 가족으로 기울기 시작한다. 그 기울기는 부모님과 떨어져 살수록, 왕래가 적을수록 급해지고 빨라진다. 이 사실이 퍽 슬프게 들릴 수도 있지만, 세상에 태어나 가정을 이루고 산 모든 존재들이 겪어간 일이다.

그리고 무게 추가 완전히 기우는 시기가 오는데, 나의 자식들은 성인으로 성장하고, 반면에 나의 부모는 황혼기를 맞는 시점이다. 가족을 생각했을 때, 내 반려자와 자식들이 의심의 여지없이 떠오르게 되고 이전에 내가 속했던 가족이라는 정의는 잊혀 가는 시기이다. 이 시기가 되면 삶에 갖는 의지나 사랑은 이미 내가 이룬 가족으로 완전히 옮겨졌다.

인간은 모두 다 늙고, 죽음은 피할 수 없다. 자식과 부모는 생의 일정 부분만을 공유하고 죽음 앞에서 이별할 수밖에 없다. 나와 나의 부모도 예외는 아니다. 내게 세상의 빛을 보게 해 준 사람, 희생을 기꺼이 받아들이며 나를 먹이고 가르친 친애하는 이 사람은 요행이 일지 않는 이상 내게 죽음을 보여 줄 것이다. 지금은 그 생각만으로도 손이 저리고 목이 막히며, 아득하다. 하지만 피할 순 없을 것이다. 아무리 발버둥쳐도 어쨌거나 인생에 한 번은 찾아올 정해진 비애임은 틀림없다.

나는 다른 사람들이 이 아프다 못해 저린 이별의 슬픔을 어떻게 극복할 수 있는지 궁금했다. 부모와의 영원한 이별을 딛고 어떻게 다시 밥숟가락을 들고 행복을 좇을 수 있는지, 어떻게 이 거대한 슬픔 속에서도 삶은 열정적으로 이어지고 인류는 번영할 수 있었는지 나는 궁금했다.

외할머니가 돌아가시던 날이 기억난다. 나는 6살 무렵이었고, 주말이었으며, 새벽이었다. 어머니와 아버지는 자고 있던 나를 깨워 차에 태웠고, 큰외삼촌이 계시는 충주로 차를 몰았다. 이유를 말해 주지 않았으나, 두 분 얼굴에 담긴 수심으로 짐작했었다. 특히 어머니 얼굴에 드리운. 나는 그날 처음으로 어머니가 서럽게 우는 모습을 봤다. 그건 내가 치과에서 보였던 눈물과는 격이 다른 것으로, 울음으로도 도무지 소화할 수 없을 것 같은 비통함이었다. 나는 어려서 잘 인식하지 못했다. 외할머니가 우리 어머니의 엄마였다는 것을. 나에게 엄마가 있듯이, 어머니에게도 나와 같은 결의 애정을 느끼는 엄마가 있고, 그녀가 오늘 떠나갔다는 것을. 어머니가 외할머니를 엄마라고 부르는 기억이 전혀 없는 것으로 봐, 나는 확실히 엄마의 엄마가 외할머니라는 점을 이해는 했으나 공감은 못 했었다.

외할머니 장례를 치르고 나서도 어머니의 슬픔은 지속됐고 가끔 눈물도 보이셨다. 하지만 그 슬픔 속에서도 어머니는 가정을 이끌었고, 나와 누나를 먹이고 키웠다. 그녀는 기꺼이 행복을 추구했고, 그녀가 일군 가정이 평화와 화목을 누릴 수 있게끔 최선을 다했다.

돌이켜 생각해 보니, 어머니에게 '가족'의 개념이 이미 바뀌었기에 가능한 일이지 않았을까 싶다. 삶에 대한 애착과 행복의 뿌리가 그녀가 딸이라는 이름으로 속해 있던 가족이 아닌, 나의 아버지와 함께 이룬 가족에 자리를 잡고 있었기 때문에, 그 어마무시한 슬픔 속에서도 삶을 이끌어 올 수 있지 않았을까. 지구를 살아간 모든 인류가 그랬던 것처럼, 그녀의 의도였든 아니든 가족의 개념 변화가 이 모든 걸 가능케 했던 게 아닐까 싶다.

아직 다른 가족이 없는 내 입장에서, 어머니를 떠나보내는 생각을 해보면 도무지 삶을 지탱할 자신이 없다. 지금 내가 인생에 가지고 있는 열정과 더 나은 삶을 살아 보려는 의지가 그녀 없이도 지금과 같을 것이라 생각이 되지 않는다.

그래서 결혼을 하고 가정을 이루는 일이 필요하지 않을까 생각한다. 물론 이 이유 때문에 가정을 이루고 사는 것은 아니겠으나, 어쨌건 내가 또 다른 가족을 만들어야 이별의 슬픔을 헤치고 다시 삶의 방향키를 잡을 수 있지 않을까. 자식을 낳고 가정을 이루면서, 나도 모르는 사이에 가족의 무게 추가 내가 만든 가정으로 옮겨 가야 우리는 또 후대를 약속할 수 있는 게 아닐까. 여기에 인류가 계속해서 존속할 수 있는 이유가 있는 것은 아닐까. 그렇게 징그러운 생각을 해 본다.

나의 조부모가 그랬고, 나의 부모가 그랬던 것처럼 나 역시도 가정을 이루며, 부모가 만든 가족의 해체를 경험할 것이다. 그런 생각을 하고 있으면 목이 메기도 하고 적나라함에 몸서리가 처지기도 하지만, 유한한 시간만을 살아가는 인간에게는 피할 수 없는 일이다. 그래서 나는 이 사실을 받아들이고, 변화에 순응하며 그저 매 순간 최선을 다해 사랑하기로 했다. 일단은 지금 이 가족의 구성원으로서 내 부모와 형제에게 최선의 사랑을 주기로 다짐했다.

24

분노 앞에서 침묵을 지키는 일은 어렵다.

감정이 격양된 상황에서 말을 하다 보면, 내가 잘 알지 못하는 것에 대해서도 마치 모든 것을 아는 양 떠들 때가 있다. 화를 삭히지 못하고 본인이 그 분야의 전문가인 것처럼 거들먹거리며, 정확히 파악되지 않은 불완전한 사실들 위에서 논리를 쌓아 나갈 때가 있다. 주로 의견이 다른 상대와 논쟁을 벌일 때 일어나는데, 논쟁의 주제는 정치, 경제, 사회, 예술 등 다양할 수 있다.

내 의견을 받아들이지 않는 상대를 눌러 주기 위해 작은 것을 큰 것으로 부풀리고, 큰 것을 작은 것으로 조작하며 떠들어댄다. 사실을 가려내 합리적 결론을 내는 것이 목적이 아니라, 그 순간 어떻게든 나의 말이 맞다는 결론에 닿고 싶게 된다. 치밀어 오른 분노가 우리를 그렇게 만든다.

20세기 가장 위대한 철학자 중 한 명으로 꼽히는 비트겐슈타인은 말할 수 없는 것에 대해서는 침묵해야만 한다고 했다. 하지만 침묵을 지키는 일은 생각보다 어렵다. 백 명 가까운 학생들과 함께 듣는 수업에서 수업 내내 침묵을 유지하는 일은 쉬우나, 누군가와의 논쟁에서 특히 가까운 누군가와의 논쟁에서 침묵을 유지하는 일은 보통 어려운 일이 아니다. 화가 파도처럼 밀려오는 상황에서 다물어진 나의 입은 한낱 모래성에 지나지 않는다.

내가 믿는 가치가 훼손당하고, 내가 지키려고 했던 것들이 상대의 의견 앞에서 묵사발이 돼 갈 때, 나는 분노했고, 이를 지켜낼 심산으로 잘 알지 못하는 혹은 전혀 모르는 것들에 대해서 떠들었다. 분노가 떠나가간 자리에서 부끄러움을 느꼈지만, 다음 번의 분노 앞에서 과거의 부끄러움은 나에게 별다른 변화를 이끌어 내지 못했다.

감정에 휘둘려 벌어지는 내 입을 견제하려 애쓴다. 사실을 말하는 것이 목적이 아닌, 상대의 의견을 눌러, 내가 지키고 싶은 바를 보존하려 성대가 움직일 때, 나는 나를 경계한다.

하지만 나는 다시 인정할 수밖에 없다. 침묵은 어렵다. 분노가 치밀 때 모르는 것에 침묵하기는 정말이지 어렵다.

25

나라고 아니란 법은 없다.

운이 항상 좋을 수만 있다면 더할 나위 없이 좋겠지만, 운은 좋다가도 나쁠 수밖에 없고, 나쁘다가도 좋을 수밖에 없다. 예상치 못하게 일이 술술 잘 풀릴 때면, 나는 운이 좋구나 싶다가도, 어느 예상치 못한 삶의 벽 앞에서 연거푸 좌절할 때면, 운도 지지리 없다는 생각을 하게 된다. 그럴 때면, 마음속 깊은 곳 어디에서 "왜, 하필… 나에게"라는 섭섭함과 서운함이 물씬 밴 말이 떠오르는 걸 막을 수가 없다.

고 박완서 선생님의 책을 좋아한다. 정확히 말하면 그녀의 문장이 좋다. 감정이 찾아와 한 사람을 휘감은 뒤 떠나가는 묘사가 솔직하고도 수려해, 그녀의 문장을 좋아한다. 내게 그 중 정수는, 수필집 '한 말씀만 하소서'이다. 젊은 아들을 먼저 떠나보내고, 누군가에게 보여줄 심산이 아닌 살기 위해 썼다는 그녀의 말처럼, 한 말씀만 하소서에는 세상에서 가장 큰 슬픔을 경험한 어머니, 여성 그리고 인간으로서의 아주 비릿하고도 솔직한 문장들이 담겨 있다.

그녀는 책에서 끊임없이, 왜 하필 나에게…. 라는 원망 섞인 한탄을 세상과 신에게 던진다. 세상 가장 큰 슬픔에 빠져 허우적대던 그녀는, 고름처럼 차오르는 노여움과 분통을 왜 하필…. 이라는 말로 짜내려 하지만, 원망만 쌓일 뿐 나아갈 수가 없었다.
하지만 그럼에도 불구하고 그녀가 그 소용돌이 같았던 슬픔에서 벗어나, 다시 삶의 궤도로 오를 수 있도록 만들어 준 것은, '왜 나라고 비극의 대상이 되지 말아야 하는가'였다. 분노와 비애만을 전전하던 그녀에게 던져진 당돌한 질문. 아이러니하게도 그녀는 그 차가운 반문 속에서 삶을 다시 볼 수 있었다.

살다 보니 어쩔 수 없이 뒤로 넘어져도 코가 깨지고, 곰을 잡아도 웅담이 없는 상황이 몇 번씩 반복됐다. 하지만 그런 불운이 찾아오는 순간에 '왜 하필 나에게…'라고 말하는 일은 적어지고 있다. 한탄과 한숨으로 내 뱉는 왜 하필…이라는 말이, 불운에도 어쩔 수 없이 삶을 다시 잘 살아내고 싶은 나에게 줄 수 있는 게 없다는 걸 깨닫게 된 결과였다. 그리고 어느 순간 희극과 비극이 공존하는 인간 세상임을 받아들이고, 나 역시 언제나 비극의 대상이 될 수 있음을 인정하게 됐다. 나라고 그 모든 비극들이 빗겨 나가라는 법은 없는 것이었다. 나는 희극이 대상이 될 수도 있고 비극의 대상이 될 수도 있다.

인간의 노력으로 조절할 수 없지만, 길흉화복에 결정적인 영향을 미치는 영역이 분명 존재한다. 편의상 운이라고 통치는 바로 그 영역 말이다. 아무리 발버둥쳐도 거부할 수 없는 사실이고, 아무리 벗어나려 애를 써도 완전히 벗어날 수 없는 불가항력이다. 결국 타협하고 살아가기 위해선, 받아들일 수밖에 없게 되는 것 같다.

나라고 아니란 법은 없다.

26

일상이 곧 행복이다.

　보편적이고 대중적인 기준에서 정형화된 행복한 삶의 모습이 존재한다. 이 삶의 모습은 대중매체에서 우상화되어 표현되는데, 여기에 노출되면서 생활할 수밖에 없는 우리는 자연스레 이를 받아들이게 된다. 돈과 명예로 특징지어지는 삶이 그러한데, 쉽게 말해 돈을 많이 벌고 명예를 드높이는 방향으로 나아가는 삶은 무조건적으로 행복한 삶인 것처럼 포장되고, 우리는 이것을 받아들인다.

　물론 그 중요성을 부정할 수는 없다. 돈은 없는 것보단 있는 것이 낫고, 높은 명예를 싫어할 사람은 사막에서 바늘을 찾는 것보다 어쩌면 더 어려울 수도 있으니 말이다. 돈과 명예가 보장하는 행복은 비교적 안전하고 명확하며 보편적이기 때문에, 그 중요성을 전적으로 부정할 수는 없는 노릇이다.

　하지만 그게 전부는 아닐뿐더러, 누릴 수 있는 행복의 최대치도 아니라고 생각한다. 세상에 태어나 눈감는 순간까지, 내가 누릴 수 있고, 누려야 할 행복의 총량을 돈과 명예만으로 계산할 순 없다. 그리 넉넉하진 않아도 지금의 삶을 유지하는 데는 분명 내가 이뤄낸 세속적 성공과 이를 뒷받침하는 노력들이 있다. 하지만 매일, 매 순간을 살아가는 내 행복이 거기에 있다고 말하긴 어렵다. 그보다는 사랑하는 사람들과 나누는 소소한 매일의 일상에서 근원을 찾을 수 있을 것이다. 오고 가는 대화와 나누는 음식 그리고 애정을 확인하는 공간에서 내 일상의 행복은 완성된다. 그리고 바로 이 일상이 모여 내 평생을 이룬다.

사랑하는 이를 기다리며 내가 느끼는 지금의 이 순간이 행복이라는 것을 깨닫는다. 그와 함께 나눌 음식과 시간 그리고 대화를 그리며, 여기 지금 이 일상이 나의 행복임을 깨닫는다. 성공과 명예는 내가 행복을 영유할 수 있는 큰 틀만을 만들어 줄 뿐, 그 내용은 채워주지 못한다. 내용은 일상의 행복으로만 채워질 수 있는 것이다. 낭만 없는 사람들은 절대 동의할 수 없겠지만, 나는 그렇게 믿는다.

나는 지금 행복한가라는 질문을 스스로에게 했을 때, 통장 잔고와 직장 내에서의 내 위상이 먼저 떠오르는 것이 아닌, 가족이나 친구 혹은 반려견의 모습이 먼저 떠오른다면, 당신의 진정한 행복도 매일매일 살아가는 일상과 그 일상을 함께하는 사람들 속에 있는 것이다.

일상이 곧 행복이다.

27

라이벌의 노고와 실력을 인정하고,
고마움을 표한다.

퍼스널 컴퓨터의 대중화를 이끈 대표적 인물을 꼽자면, 적어도 두 개의 손가락은 필요할 것이다. 하나는 고 스티브 잡스를 위해서, 나머지 하나는 빌 게이츠를 위해서다. 평생을 라이벌 관계로 일컬어진 55년생 동갑내기 두 사람은 상대를 뛰어넘기 위해 끊임없이 쇄신하고 경쟁했다. 2011년 스티브 잡스가 세상을 떠난 뒤로도 두 사람은 대표적인 경쟁 관계로 사람들에게 회자되고 있다.

한때 사업상 파트너 관계를 맺기도 했던 둘은 끊임없이 경쟁하며, 서로를 비난하기도 했었다. 하지만 경영권 문제로 애플에서 퇴출당한 잡스가 97년 애플로 다시 돌아와 자금난을 겪을 때 도와줬던 것은 빌 게이츠였다. 잡스 역시 MS가 자신의 아이디어를 훔쳤다고 비난하면서도, 빌 게이츠의 경영 능력을 높이 사며 인정했었다. 잡스가 명을 달리했을 때, 빌 게이츠는 "그와 함께 일했던 것은 미치도록 훌륭하게 명예스러운 일이었다."고 말했다.
둘은 상대를 이기기 위해 미친 듯이 노력하였고 가끔은 상대를 비난하기도 했지만, 서로의 능력을 인정했고 존중했다. 그들은 위대한 라이벌이었다.

돌이켜 보면, 자아라는 게 형성된 후, 줄곧 라이벌이라고 칭할 만한 상대가 있어 왔다. 학창시절 공부나 운동에서 라이벌 의식을 느꼈던 친구들은 늘 있었고, 대학을 다닐 때, 취직을 준비할 때, 사회에서 내 자리를 하고 있는 지금까지도 라이벌은 늘 존재했다. 하물며 어린이집에서 학예회를 준비할 때 나보다 더 열심히던 그때 그 친구도 기억난다.

빌 게이츠나 잡스만큼 세상의 모든 이목이 집중된 라이벌 관계는 아니었지만, 매 시기마다 내가 라이벌과 벌였던 경쟁은 나름 치열했다. 지는 게 싫어 이를 악물었는데, 실제로 이는 내가 성장하는 데 많은 도움을 주었다. 하지만 내 일은 생각만큼 풀리지 않는 반면, 상대의 일은 실타래처럼 훨훨 풀려가 내가 닿을 수 없는 곳으로 뻗어 나가고 있는 듯한 느낌이 들 때면, 애증의 라이벌 관계는 '증'만을 남기는 관계가 되곤 했다.

라이벌 관계를 만들었던 주제를 벗어나 상대를 미워하기 시작했었다. 인간적으로 무시하고 감정적으로 대응했었다. 처음에는 속으로만 미워하다가 어느 임계점에 닿아서는 분출되곤 했었다. 정색을 하기 일쑤였고, 대놓고 싫어하는 티를 팍팍 냈었다. 부끄럽게도 그렇게 멀어진 관계가 몇몇 있다. 좋은 의도로 서로에게 긍정적인 영향을 주며 시작됐던 관계가, 결국 일그러져 증오만을 남기는 경험을 하며 나는 생물학적 어른이 됐다.

하지만 아직도 크게 변한 것은 없다. 굳이 변한 점을 꼽자면 낯짝이 두꺼워지고 연기가 늘어, 속으로 미워하더라도 겉으로는 좋은 척하는 가증을 꼽을 수 있을 것이다. 인정하고 싶지 않아도 인정할 수밖에 없는 사실은, 나는 아직도 라이벌이라 생각되는 누군가의 약진이 두드러지고 나의 그것은 이에 한참 미치지 못하고 있을 때, 열등감과 시기에 빠져 미움으로 상대를 덮어버릴 때가 있다는 것이다. 그리고 가끔은 그 스트레스를 견디는 일이 어려울 때가 있음을 인정한다.

　꼭 빌 게이츠와 스티브 잡스의 예가 아니더라도 치열한 경쟁 앞에서 상대를 인정하고 존경하여 귀감이 되는 예들이 있다. 함께 피땀 흘리며 훌륭한 노력을 한 상대의 헌신을 알아주고, 멋진 경쟁 상대가 되어준 고마움을 표하는 진정한 라이벌들이 있다.

　나는 그들을 보며, 어른이란 저런 것이 아닐까, 어른의 라이벌 관계란 저런 것이 아닐까 생각한다.

　나는 과연 언제쯤 어른다운 모습과 어른다운 라이벌 관계를 가질 수 있을까.

28

타인의 시선이 아닌 나만의 기준에서 떳떳하자.

사람이 평생을 살아가며, 결코 피할 수 없는 것 중 하나가 타인의 평가이지 않을까 싶다. 사회의 일원이 되기 시작하면서, 의식하지 않고 또 의도하지 않더라도 자연스레 많은 평가들에 노출되게 된다. 시험이나 대회 같은 공식적인 평가, 입소문이나 평판과 같은 비공식적 평가는 새로운 집단에 소속이 될 때마다, 새로운 삶의 지평으로 나아갈 때마다 항상 따라붙는다.

대학을 졸업하고 운이 좋게도 한 집단에 소속되어 밥벌이를 하게 됐다. 이 밥벌이 구조는 잔인하고도 현명하다. 집단에 소속돼 있는 사람들로부터 좋은 평가를 많이 받으면 받을수록 밥벌이의 수준을 올릴 수 있는 구조이다. 그러다 보니 모두에게 잘 보이려 애를 쓰게 되는데, 이일이 여간 쉬운 게 아님을 절실히 느낀다. 일 자체가 어려워 성과를 내는 게 부담이기보다는 사람들마다 평가의 기준이 달라서 어렵다.

예를 들어, A는 업무 태도에 방점을 찍은 평가 잣대를 들이미는 반면, 맞은 편에 앉아 있는 B는 결과에만 초점을 맞춘 뒤 태도 같은 것은 전혀 고려하지 않는다. 그리고 이를 바라보고 있는 C라는 인물은 본인을 얼마나 존중해주는가가 평가의 잣대인 것이다. 물론 이 모든 것을 충족시켜서 어떤 평가에서도 모자람 없는 평가를 받으면 좋으련만 그게 쉽지가 않다. 애매하게 모든 기준을 충족시키려 하다가는 되레 아무것도 충족시킬 수 없는 상황들이 발생하는 일이 부지기수다. 스트레스는 스트레스대로 받으면서 말이다.

동시에 다양하고 많은 평가의 대상이 되며 살아갈 수밖에 없는 우리의 삶이다. 호평과 혹평은 동시에 날아들고, 찬사와 지적이 함께 어우러질 수밖에 없다. 그게 가끔은 축구 선수에게 삼진율을 묻는 것처럼 이치에 전혀 맞지 않는 평가일 때도 있고, 그 때문에 어쩔 수 없이 평가가 낮을 수도 있지만, 더 돋보이면 돋보일수록 더 많은 평가의 대상이 되는 인간 사회의 속성은 어쩔 수가 없다.

탄생부터 죽음까지 누군가의 평가 대상이 된다. 아니 어쩌면 탄생과 죽음 그 자체도 평가의 대상이 될 수 있다. 평가하는 사람도 결국 평가의 대상이고, 평가의 대상이 되는 사람도 결국 평가하는 누군가이다. 그러니 우리는 평생을 평가하고 평가 당하며 살아간다고 해도 억지는 아닐 것이다.

이 사실에 제법 많은 스트레스를 받았다. 모두에게 좋은, 멋진 사람이 되고 싶은 욕심 많은 사람으로서 그리고 타인의 말에 영향을 받는 귀 얇은 사람으로서, 나에게 들이밀어지는 다다한 잣대들에 시름할 때가 많았다.

그러던 어느 날, 다른 조직의 중역과 저녁을 함께할 기회가 있었다. 사회적, 경제적으로 나름 성공한 인물이었다. 적막이 몇 번의 유리잔 부딪히는 소리로 채워지고, 대화는 무르익어 가고 있을 때, 그분에게 물었다. 만약 당신보다 한참 어린 나에게 딱 한 가지만 조언해줄 수 있다면, 어떤 조언을 해주고 싶으냐고. 부리부리한 눈매가 매력인 그는 호랑이 같은 눈을 하고 말했다. 타인의 평가에 너무 시달리지 말라고. 그 구조를 이해하고 노력하되, 거기에 얽매이지 말라고. 그 대신 나에게 떳떳한 기준을 만들어서 그 기준을 충족하는 데 열과 성을 다해야, 후회 없이 즐겁게 살아갈 수 있다고 말했다. 이분이 어디서 들으신 얘기가 있는 건지, 아니면 나를 꿰뚫어 본 것인지. 그때 내가 하고 있던 고민에 정확하게 맞춰진 조언이었다.

몇 번이고 대화를 곱씹었다. 단물이 다 빠질 때까지 곱씹고 곱곱씹었다. 현명한 말이었다. 모든 조건을 충족시킬 수 있는 게 아니라면, 모든 평가에서 살아남을 수 있는 게 아니라면 적어도 나에게 가장 소중한 '나'라는 존재는 충족시켜야 하지 않겠는가. 이 삶을 몸소 살아가고 있고, 나를 가장 잘 아는 내가 만든 잣대들을 충족시킬 수 있다면, 나는 그럭저럭 쓸 만한 놈일 테니 말이다.

나는 사람들의 평가에서 자유로워지려 노력하고 있다. 인간 세상에 발 딛고 사는 존재로 완전히 자유로워질 순 없겠지만 적어도 누군가 나에게 던지는 가벼운 평가에 무겁게 아파하지 않으려 노력하고 있다. 이를 위해 나만의 기준을 세우고, 누가 뭐라 해도 그 기준을 지키려 애쓰는 게 꽤 큰 도움이 된다. 마음이 편해지고, 마음이 편해지니 일도 전보다 잘 풀린다. 게다가 내 기준에만 착실하기로 마음먹으니, 혹평을 던진 누군가를 포용할 수도 있게 됐다.

누군가의 말과 글에 휘둘려 이리저리 흔들리기보다는, 내 기준에서 떳떳한 나를 그리며 홀연히 살아가는 게 내 삶을 사는 더 나은 방법이다.

29

연인 관계도 부침을 겪는 인간관계다.

마술을 잘 아는 사람은 드물지만, 마술사 이은결을 모르는 사람은 더 드물 것이다. 이은결은 대중들에게 마술이라는 것이 그리 대중적이지 않을 때, 친숙하고 어렵지 않은 소재의 마술로 대중화를 이끈 마술사 중 한 명이다.

건장한 체격과 재치 있는 입담으로 자못 인기가 많았던 그는 마술사들에게 씌워지는 바람둥이 이미지(?)와 다르게 지난 2016년, 14년간 연애한 여자친구와 결혼하였다. 22살에 만나 36살에 결혼했으니, 강산이 한 번 바뀌고, 다시 절반 정도가 바뀌는 동안에 한 여성과만 함께한 것이다.

이전에 그가 한 TV 프로그램에 나와, 오랜 기간 연애를 할 수 있는 비결이 무엇이냐는 질문을 받은 적이 있다. 그는 연인 관계도 다른 관계들과 마찬가지로 늘 같을 수는 없음을 받아들이는 것이 비결이라고 말했다. 아무리 오랜 친구 사이여도 가끔은 서먹할 때가 있고, 부모 자식, 형제 관계도 멀어졌다 가까워지기를 반복하는 것처럼 연인 관계도 늘 한결같이 좋을 수만도 없고, 꼭 나쁠 수만도 없다고 그는 말했다. 그것이 그가 오랜 기간 한 상대와 사랑을 이어올 수 있었던 비결인 것 같다고 말했다.

연애에서 애정의 정도는 시간마다 상황마다 다르게 느껴질 수 있다.

서로를 위하는 마음은 이전과 같지만, 그날의 기분, 처한 상황, 우연히 일어난 일 등의 변수 때문에 순간순간 애정은 다르게 느껴질 수 있다. 그래서 가끔은 아무것도 아닌 일로 싸울 수도 있고, 거리감이 느껴질 수도 있으며, 관계 자체가 귀찮게 느껴질 수도 있다. 가족, 친구의 관계처럼 말이다.

하지만 유독 연애 관계에서만큼은 가장 좋았을 때 느꼈던 애정에 대한 집착이 강한 것 같다. 상대가 내게 보여준 행동 중, 최고의 애정 표현이었다고 판단되는 행동을 가장 좋았을 때의 행동이라 상정하고, 거기에 집착하게 되는 것이다. 연락의 빈도, 언어적 애정 표현의 정도, 할애하는 시간 등 그 값이 가장 컸을 때를 무의식 중 애정의 최고 상태라 칭하면서 자연스러운 집착이 생긴다. 그리고 이 기준을 충족시키지 못하는 기간이 조금이라도 지속된다면, 금세 애정을 의심하고 확인하려 든다. 여기서 문제는 상대도 나와 비슷한 방식으로 생각하고 본인만의 애정 집착이 있다는 것이다. 만약 상대의 애정이 이전만 못한 것 같아 의심하게 된다면, 그 의심은 자연스레 본인의 행동에 영향을 미쳐, 상대가 느끼는 애정에도 영향을 미친다는 말이다. 쉽게 말해, 애정의 의심과 시험은 상대로부터의 의심과 시험 역시 부른다. 대개 커플들이 싸우는 이유는 표면적으론 달라도 구조적으로는 위와 같은 형태의 이유가 많다.

이전보다 더 많은 애정을 느끼고 있어도, 이를 표현하는 데는 또 다른 상황들과 조건들이 필요하다. 그래서 때로는 마음과 다르게 표현될 때가 있고, 의도와 다르게 이해될 때가 있다. 마음과 다르게 이전보다 더 멀게 느껴질 수도 있고, 무슨 말만 해도 짜증이 날 수도 있다.

그러한 상황 속에서 이전에 보여준, 실제로 그게 정말 상대의 애정 최대치에서 비롯된 행동이었는지 알 순 없지만 나는 그렇게 믿고 있는, 그때 그것에 계속해서 비교하고 집착하게 된다면 애정의 주가는 끊임없는 하락을 맞다가 상장 폐지될지도 모른다.

짧기만 했던 나의 연애들을 돌아보면, 나 역시도 그래왔다. 가장 좋았을 때, 가장 많이 느낄 수 있을 때에 집착하면서 그렇지 못한 상황에는 자연스레 짜증을 내고 이기적으로 굴었다. 실제로 뭐가 어떻다고는 솔직하게 털어놓을 용기도 없고, 자존심도 내려놓지 못하면서 다른 방법으로 짜증을 냈었다. 그게 분명 상대에게도 비슷하게 영향을 미쳤을 것이다. 각자가 가지고 있는 연애의 집착을 서로에게 들이밀면서 부침을 겪는 것이 자연스러운 인간관계라는 점은 까맣게 잊은 채, 애먼 서로만을 까맣게 잊어 갔던 것이 아닐까. 돌아보면 그런 생각이 든다.

오랫동안 이어온 친구 사이나 부모, 형제와의 관계를 보면, 실제로 내가 이들을 아끼고 그들이 나를 아끼는 마음과 별개로 티격태격할 때가 많다. 죽이 잘 맞을 때는 한없이 잘 맞다가도, 어떤 문제로는 다툴 때도 있고, 또 가끔은 소홀해져 관심을 쓰지 못할 때도 있다. 하지만 그 사실을 받아들이고 관계를 이어 나가는 일이 어색하지도 않고 불편하지도 않다. 관계에서 부침은 자연스러운 것이고 서로가 들이미는 집착이라는 것은 존재하지 않으니 말이다.

이은결이 그 프로그램에서 받은 질문에 대한 답은 짧았지만, 그 답이 포함하고 있었던 내용은 이런 내용이 아니었을까. 이은결 역시도

어설프게 어른이 되었다

이 지난한 과정을 겪어내고 마침내 깨달은 바가 있었기에 짧지만 강렬하게(적어도 내게는) 말할 수 있었던 것이 아닐까. 나는 그날 TV 앞에서 그런 생각을 하며, 집착과 관계의 부침에 대해 생각하고 있었다.

30

부처는 부처를 보고 돼지는 돼지를 본다.

전 세계적으로 흥행한 영화에 대해 친구와 대화를 나눈 적이 있다. 본래 영화 이야기를 위해 시작한 대화는 아니었지만, 본 시기가 비슷하여 자연스레 영화 얘기로 대화가 이어진 날이었다. 우리는 간단히 줄거리에 관한 이야기와 감독 그리고 배우의 연기와 같은 표면적인 얘기부터 시작했다. 그리고는 나름의 해석들을 붙여 가며 이면의 것들을 이야기하기 시작했는데, 같은 영화를 보고도 너무나 다른 것을 볼 수 있다는 사실에 새삼 놀랐었다.

나는 본인의 선택과 상관없이 주인공에게 태생적으로 주어진 불행과 사람들의 홀대가, 주인공이 보여준 폭력을 이해하는 핵심이라는 데 초점을 맞춰 영화를 보았지만, 그녀는 영화에서 페미니즘을 봤다고 말했다. 여성 출연자가 거의 없었던 영화인지라, 나는 어느 장면에서 그런 생각이 들었는지 물었고, 그녀는 내가 전혀 다른 생각을 했던 바로 그 장면에서 생각지도 못했던 페미니즘을 읽어냈었다. 그 당시 나는 연거푸 면접에서 탈락한 터라 내 의지와 상관없었던 나의 불행과 그 불행이 불러온 분노에 사로잡혀 있었고, 그녀는 남성들이 들끓는 집단에서 본인이 감내하고 있는 박탈과 소외에 허덕이고 있었다.

인간 세상에서 일어나는 사건에는 수많은 의견이 따른다. 일어난 사건은 분명 하나이지만 이를 바라보는 사람들의 관심, 흥미 그리고 배경에 따라서 해석과 설명은 무수히 펼쳐진다. 이 과정을 바라보면 재미난 점이 하나 있는데, 결국은 본인들의 관심이 투영될 수밖에 없다는 점이 그렇다. 그 당시에 본인의 인생에서 가장 우선시되는 것들이 그가 바라보는 곳에서도 보일 수밖에 없다. 그가 그렇게 의도해서가 아니고, 무게가 쏠리는 곳으로 시소가 기울 듯, 관심이 쏠리는 곳으로 시선이 기울기 때문에 그렇다. 보고 싶은 것만 보고 듣고 싶은 것만 듣는 게 아니라, 보고 싶은 것만 보이고 듣고 싶은 것만 들리는 거다.

나와 내 친구가 그랬던 것처럼, 한 사람이 어떤 현상이나 사건에 대해 늘어놓는 의견을 보면 그 사람이나 그 사람이 처해 있는 상황을 알 수 있을 때가 많다. 가령 한 사람을 평함에 있어, 유독 학력에 대한 이야기를 많이 하는 사람은 학력에 콤플렉스가 있거나 본인의 가장 자랑스러운 이력이 학벌인 경우가 많다. 누가 어떻게 돈을 벌었는가, 돈을 벌 새로운 수단은 무엇인가에 대해 주로 이야기하고, 무엇을 보든 그 안에서 돈이라는 주제를 포착해 내는 사람이라면 인지상정으로 돈을 우선시하는 사람이거나 그게 아닌 경우에는 돈이 급하게 필요한 상황에 놓인 경우가 많다.

우리는 딛고 있는 현실과 꿈꾸고 있는 미래만큼 생각하고, 볼 수 있다. 나를 지배하고 있는 생각과 당면하고 있는 문제들은 내 눈 앞에 펼쳐지는 세상에 색안경을 씌우고, 안경을 투과하는 것만 보고 생각하게 만든다. 체면을 지키기 위해 아닌 척할 순 있지만, 부정할 수는 없다.

본인이 가장 잘 알 것이다. 나의 관심이 우선적으로 향하는 곳에 나의 시야가 형성되고, 내 삶의 철학이 향하는 곳을 내 눈이 쫓고 있다는 것을. 한 사람이 품고 있는 가치와 생각이란 그 안에만 자리하는 것이 아니라, 그의 말과 행동 그리고 시야에도 자리한다.

결국 부처는 부처를 보고 돼지는 돼지를 본다는 말이 틀리지 않았다. 고결하고 고귀한 가치를 좇는 이들은 인간 세상에서 고결하고 고귀한 것을 볼 수 있으며, 저급하고 저질스러운 가치를 좇는 이들은 같은 인간 세상에서 저급하고 저질스러울 것을 볼 수 있다. 하나의 사건 속에도 부처의 모습과 돼지의 모습은 공존하며, 누군가에게는 부처의 모습이 또 다른 누군가에게는 돼지의 모습이 부각된다. 어디에 삶의 우선 순위를 두고 살아가는가에 따라 같은 사건도 다르게 보일 수 있다. 나이를 먹고 사람을 겪으며 실망과 경외를 경험할수록 점점 확신하게 되는 생각이다.

31

돈이 목적이 아닌 삶을 사는 것은 어렵다.

삶의 최우선 가치가 돈이 아닌 삶을 살고 싶었다. 돈에게 한껏 시달린 지난날의 내가 반발심으로 결정한 삶의 방법이었다. 이토록 나를 괴롭히는 돈에게 진정으로 이길 수 있는 방법은 더 많은 돈을 버는 데 있지 않고, 돈을 초월하여 더 고차원적이고 숭고한 것을 쫓으며 사는 데 있다고 믿었었다.

내 잘못이 아닌 다른 이의 잘못으로 학교 알바에서 억울하게 쫓겨난 적이 있다. 그날 나는 당장 다음 달을 걱정하고 있었고, 돈에게 지지 않는 삶을 살리라 지는 노을에 다짐했었다. 내 나이 스물하고 넷이었다. 먹고 사는 일은 중요하지만, 그게 모든 것을 덮어 돈, 돈, 돈 거리는 돈 사람이 되지 않으려 더 애써 꿈을 꿨고, 금전적 유불리를 따지지 않고 삶을 설계해 나갔다. 한 삶에서 내게 주어진 유한한 시간과 에너지를 돈이 아닌, 더 인류애적이며 위대한 것에 쏟으리라. 캠퍼스 울타리를 넘어, 사회라는 새로운 세상에 서는 가난한 젊은이의 다짐이었다.

졸업과 동시에 밥벌이를 할 수 있게 됐고, 대학 시절 한 달 생활비에 몇 배에 달하는 월급을 받게 됐다. 귀찮아서가 아니라 주머니가 가벼워 학교 식당만을 찾던 삶에서의 탈출은 반가웠고, 적은 돈이나마 어머니께 용돈을 드릴 수 있음에 황홀했으며 무엇보다 다음달 생활을 걱정하지 않아도 되는 데 안도했다.

그런데 그 반가움과 황홀함이 내 오래된 다짐을 흔든다. 아주 강하게 흔든다. 돈이 선물할 수 있는 효용을 겪어 보니, 이를 뿌리치는 것이 어렵다. 숫자에 연연하게 되고, 돈 번 이들의 이력에 눈이 간다. 벌이에 따라 누군가의 넉넉함을 평가하는가 하면, 세상에 일어나는 많은 일의 동기를 돈에서 찾는다. 생각의 중심에 나도 모르는 사이 돈이 자리한다. 그 사이에 내 꿈과 다짐이 돈에 묻혀 가고, 내가 그토록 싫어하던 이들과 별반 다르지 않은 나의 모습을 보게 된다.

한때, 정확히 말해서 돈의 효용을 겪어 보지 못했을 땐 돈을 가장 우선시하는 이들을 손가락질한 적이 있다. 항상 밥벌이를 강조하던 어머니까지도 나는 이해하지 못했던 적이 있다. 더 벌지 못하는 아쉬움에 허덕이는 오늘, 나는 그들을 이해한다. 몸과 마음으로 열렬히 이해한다. 그들은 그저 나보다 먼저 세상을 살아 본 것이고, 먼저 돈의 효용을 맛본 것이며, 솔직할 뿐이었다.

낙화와 낙엽을 헤치고, 오래전에 묻어둔 타임캡슐을 찾는 것 마냥, 돈에 가려진 나의 오래된 다짐을 찾는다. 돈보다 더 값진 것들에 인생을 쓰리라 다짐했던 나를 찾는다. 그것이 얼마나 어려운 일인지 잘 알기에, 확신은 할 수 없지만, 그래도 오늘 삶의 방향을 다시 한번 잡아본다.

돈이 삶의 목적이 아닌 삶을 살아가는 것이 지극히 어렵다는 것을 새삼 느끼며, 돈, 돈, 돈 거리며 살아가는 누군가를 이해하게 되는 일. 그러면서도 다시 나의 삶의 방향을 잡아가는 일.
어른이 되어 돈벌이를 시작하게 된 내게 숙제처럼 찾아온 일이다.

32

젊음의 정의는 상대적이다.

노력하지 않아도 모든 인간이 평등하게 누릴 수 있는 것 중 제일은 단연 '젊음'이라 생각한다. 하지만 극작가 조지 버나드 쇼가 "젊음을 젊은이에게 주기에는 너무 아깝다"라고 말한 것처럼, 젊음은 모두에게 주어지는 것과 별개로, 그 가치는 헤아릴 수 없을 정도로 크다.

젊음은 무한한 가능성의 다른 이름이다. 가진 것 하나 없어도, 젊음과 함께라면 무엇이든 될 수 있고, 무엇이든 얻어낼 수 있다. 젊다는 말은 모든 불가능에 맞서는 하나의 강력한 가능성이고, 모든 난관 속에서 빛나는 하나의 구세주이며, 무를 유로 바꿀 수 있는 힘의 원천이다. 다만 이를 제대로 이용할 줄 아는 사람과 그럴 수 없는 사람이 있을 뿐이다.

젊음은 애석하게도 유한하다. 시간을 거스를 수 없기에 아무리 발버둥을 쳐 붙잡으려 해도, 저무는 해를 막을 수 없고 지는 꽃을 잡을 수 없는 것처럼, 멀어지는 젊음을 막을 순 없다. 하지만 그 젊음의 유한함이란 모두 다르게 정의될 수 있다는 생각을 한다. 같은 젊음이라도 모두에게 동일한 시간과 모습으로 적용되진 않는다는 말이다.

가깝게 지내는 친구가 한 명 있다. 법과는 전혀 관련이 없는 삶을 살아온 이 친구는, 2년 전부터 법조인이 되고 싶다는 말을 입에 달고 살았다. 그 말을 듣는 나는 언제나 "그럼 하면 되지" 하고 말했는데, 돌아오는 대답은 항상 같았다. "조금 더 젊을 때 도전했어야 했는데…." 92년생인 그녀가 스스로 정의하는 그녀의 젊음은 법조인이 되기엔 이미 지나버린 듯했다.

2015년 국내 최초로 무기항, 무원조, 무동력 요트로 세계 일주에 성공한 한 남자가 충남 당진의 어느 항구로 입항했다. 검게 그을린 피부와 항해의 생동감이 그대로 남아 있는 마른 근육을 가진 남자였다. 김승진 선장이었다. 1962년생인 그가, 55살의 나이에 해낸 일이었다. 잘 다니던 직장을 그만둔 그는, 그의 젊음을 믿고 도전했다. 그리고 이뤄냈다. 62년생인 그가 스스로 정의하는 그의 젊음은 나이가 50이 넘었어도, 드넓은 태평양으로 그를 이끌 만했던 것이다.

그와 그녀의 생물학적인 나이 차이는 30년이지만, 젊음에 대한 스스로의 정의는 김승진 선장 쪽이 훨씬 젊었다. 나이에 연연하지 않고 도전하려는 그와 도전에 앞서 나이를 계산하는 그녀 중 누구에게 젊음이 더 어울리는가. 그리고 그 정의는 누가 내렸는가.

두 사람을 생각하며, 나의 젊음을 생각해 본다. 나는 나의 젊음을 생물학적인 숫자로 정의하고 있는지, 아니면 얻어내고 싶은 무언가에 뜨겁게 도전하는 데 의미를 두며 정의하고 있는지. 나는 생각해 본다.

인간은 생물학적인 나이를 뛰어넘어 젊음을 유지할 수 있다. 도전하고 싶은 게 있고, 의지와 실천력이 있다면 그깟 주름과 나이는 인간의 젊음을 막지 못한다. 나는 그렇게 믿는다.

33

당연을 말하는 나.

언제부터인가 누굴 만나 어떤 얘기를 하든지, '당연'이라는 표현을 참 많이 쓰게 됐다. 가장 합리적이며, 이성적인 것들을 '당연'이라는 말 안에 담으며 마치 세상엔 모범 답안이 있는 것처럼 구는 나를 발견한다. 다른 사람들과 상식이라는 것을 공유할수록, 효율과 편리를 알아갈수록 내 입에서 만들어지는 당연은 점점 많아져 간다. 이젠, 당연을 말하는 내 입이 당연한 지경이다.

매일 뜨고 지는 해와 달이 같아서인지, 매일 뜨고 지는 나의 하루도 큰 변화 없이 같다. 정해진 시간에 현관문을 열고 나가, 정해진 시간에 현관문을 닫으며 귀가한다. 이미 겪어본 일들을 마주하고, 인이 박힌 얘기들을 들으며, 변하지 않는 사람들 사이를 유영한다. 획일적인 기준들을 의심 없이 받아들이며, 반론의 여지를 허락하지 않는다. 반론보다는 그 기준 아래에서 어떻게 최대의 효율을 내고 안정감을 찾을수 있을지 고민한다. 나만 그런 것은 아니다. 이 시대를 함께 살아가는 사람들도 별반 다르지 않은 모습이다. 삶은 그렇게 변하지 않는 '당연'한 부분들로 이뤄져 돌아간다.

정말 좋아하는 형이 한 명 있었다. 비록 외모는 풋풋함을 잃은 지오래였지만, '어린 왕자류'의 감성을 간직한 채 살아가는 사람이었다. 나는 어릴 때부터 형과 대화하는 게 좋았다. 우리는 꽤나 많은 나이

차이를 가지고 있었지만, 대화하는 데 큰 어려움이 없었다. 세상 물정 모르는 나의 말을 세상 물정을 아는 어른의 자세로 듣지 않고, 나사 하나 빠진 것 같은 내 생각을 굳이 조이려 들지 않았던 형 덕분이었다. 그래서 형과의 대화는 하나의 정답이 존재하는 객관식의 느낌이 아닌 여러 가능성을 고려하는 주관식의 느낌이었다. 어떤 주제로 얘기하든 '당연'이라는 것은 없었다. 어른들과 대화하는 것에 큰 흥미를 느끼지 못했던 나에게 형은 언제나 예외였고, 그의 말에는 마음을 채우는 무언가가 있었다.

시간이 지나 형은 결혼을 했고, 시간이 더 지나 슬하에 아이도 생겼다. 그동안 나는 초보 어른이 됐다. 언젠가 하루는 형이 저녁 식사에 초대를 해 주었다. 형의 집으로 향하는 나는 설레고 있었다. 곧 내 입 안을 가득 채울 음식이 아닌, 곧 내 귀와 마음을 가득 채워줄 형의 이야기에 설레고 있었다. 하지만 형과의 식사를 마칠 때, 내 위만 무거워졌고, 마음은 가볍다 못해 굶주리고 있었다. 어린 왕자는 보아 뱀에게 먹혀버린 듯한 자세로 말하는 형은 나에게 세상 물정을 알려주려 들었고, 풀어진 내 나사들을 한껏 조이려 들었다. 이제 막 어른이 되어 시작하게 된 내 고민들에 형은 '당연'이라는 말을 힘껏 사용하며, 다른 여지를 주지 않았다. 다양한 정답의 가능성을 인정하던 주관식의 대화는 너무나 명확한 하나의 정답만이 존재하는 객관식의 대화가 되어 있었다.

나는 형에게 염증을 느꼈다. 마치 모든 것이 정해진 것처럼, 마치 세상에는 단 하나의 정답만 존재하는 것처럼 말하는 형에게서 나는 그 어떤 낭만의 흔적도 찾을 수 없었다. 그저 염세만이 가득할 뿐이었다. 그리고 그 삭막한 세상을 '당연'이라는 이름으로 정당화하는 형의 입

어설프게 어른이 되었다

에 나는 염증을 느끼고 있었다.

그때로부터 또 한 토막의 시간이 지났다. 형에게 염세를 느꼈던 나는 그때의 형처럼 '당연'을 뱉고 있다. 효율과 성취만이 제일인 것처럼 말하고, 먹고사는 일이 최고의 존엄이라 상정하며 당연을 떠들고 있다.

어제 후배에게 전화가 왔다. 입대를 앞두고 있는 친구였다. 이런저런 고민들을 토로했다. 나는 그에게 응당해야 하는 것들에 대해서 힘주어 말했다. 마치 군입대를 앞둔 사람이라면 꼭 해야 하는 일을 국가에서 정해준 것처럼 천편일률적인 말을 쏟아 냈다. 다른 가치를 들이미는 후배의 의견을 조소하며, 나의 입은 한 움큼의 당연을 뱉어 냈다. 나의 형이 스무 살의 내게 그랬듯이.

마음에서 어린 왕자를 몰아낸 형에게서 염증을 느꼈던 내가 당연을 말하고 있었다. 전화를 마치고 집 계단을 오를 때, 마음이 불편해진 이유다. 내 어린 왕자는 안녕한 것일까.

마음을 여는 일은 생각보다 훨씬 어려운 일이다.

누군가를 만나 가까워지면, 마음의 문 앞에 설 때가 있다.
마음의 문을 열 것인지, 닫은 채로 둘 것인지 결정해야 하는 순간이 오는 것이다.

인연을 만나 가까워지는 데 명확한 단계가 존재하는 것은 아니지만,
좋아한다는 말이 선행되어야 사랑한다는 말의 진심이 전해질 수 있는 데서
볼 수 있듯,
관계에도 단계 비스무리한 것이 존재한다.
처음 누군가를 만나 함께하다 보면, 둘 사이에 시간이 쌓이게 되고,
그 쌓여진 시간만큼 서로는 서로에게 가까워지는 단계 비스무리한 것이 있다.

애정이라는 것이 눈에 보이지 않기에, 나는 어디까지 왔고 상대는 어디까지
왔으며, 우리는 어디에 서 있는지 정확히 알 순 없다.
하지만 어느 순간이 되면, 상대가 나의 경계선을 넘어오고 있음을 알게 되
는데, 나는 그때가 바로 마음에 닿았을 때라 생각한다.
둘 사이에 쌓여진 시간과 추억이 이윽고 상대를 내 마음의 문 앞에 놓고, 문
이 열리길 기다리게끔 만든다.

이 마음의 문을 열기 위해선 두 가지 힘이 필요하다.
문을 넘어 내게로 내달려 오려는 상대의 힘과 기꺼이 그를 받아들이려는 나
의 힘이다.
상대가 마음의 문을 연신 두드리면, 나는 열쇠를 들고 문 앞에 서서 고민하

게 된다.

문을 열어줘 그를 반갑게 맞아야 할지, 아니면 문을 굳게 닫은 채로 있어야 할지.

하지만 내 손에 키가 들려 있어도, 마음에 문을 여는 일은 쉽지 않다.

누군가를 뜨겁게 좋아하고, 그 답례로 상처를 받아본 사람은 알 것이다. 활짝 열어젖힌 문밖으로 무엇이 들이닥칠지 모르는 상황에서, 문을 여는 일이 얼마나 무섭고 외로운 일인지.

이토록 문을 강하게 들이받고 있는 상대가 허상은 아닌지, 결국 열린 문으로 차가운 바람만 쌩하고 불어닥치는 것은 아닌지. 그 불확실에 사로잡혔을 때, 마음의 문을 여는 것은 어렵다.

간혹 이전의 상처가 너무나 큰 경우에는 내 열쇠로 마음의 문을 열 수 없어, 언제까지나 닫힌 상태로 살아가야 하는 비극도 일어난다.

마음을 여는 일은 어렵다. 상처만 남기고 끝날지 모른다는 의심을 뛰어넘어, 버선발로 상대를 반기는 일은 많은 용기가 필요한 일이다. 더욱이 내 문 앞에서 상대를 맞이하는 동시에 나 역시도 상대의 마음 앞에 서 있는 상황이 벌어지게 되면, 서로는 열리지 않는 문 앞에서 지칠 수밖에 없다.

그러니 서로가 마음을 완전히 열어젖히고, 양쪽의 문을 훤히 연 채, 서로 들락날락한다는 것은 실로 엄청난 일이다. 아마도 운명이라는 말을 써도 모자람이 없을 것이다.

버려질지도 모른다는 두려움과 혼자 상처받을지도 모른다는 외로움을 무릎쓰고, 마음을 열어본다. 부디 상대의 마음도 나와 같기를. 부디 우리의 마음이 동시에 열려, 닫히지 않기를 바라며.

만약 지금 누군가와 마음을 연 채 애정을 나누고 있다면, 이 어려운 일을 해낸 상대를 꼭 한번 안아주자. 그 무섭고 쓸쓸한 어두움 속에서 당신이라는 빛 하나만 보고 용기를 낸 상대이니 말이다.

35

부러움은 현재와 미래로만 향할 것이 아니라 과거로도 향해야 한다.

가깝게 지내던 친구 하나가 속칭 '사'자로 끝나는 전문직 시험 중 하나에 합격했다. 졸업을 앞두고 이 회사 저 회사에 지원하며, 연신 낙방을 거듭하던 어느 봄날, 그 친구를 만났다. 그는 전문가들이 모여 있는 한 집단에서 일을 시작하기로 한 상태였다.

우리는 그가 받게 될 처우와 그가 살아갈 것이 예상되는 삶에 관하여 얘기했다. 상황이 상황인지라 그가 자랑을 목적으로 그런 이야기를 꺼내지 않았음을 잘 알면서도 내게는 마치 그 이야기가 자랑처럼 들려와 부러웠다. 나의 부러움은 질투의 경계에 선 아슬아슬한 부러움이었다.

인간 세상에는 굳이 길게 설명하지 않아도, 단출한 고유 명사 표현 하나로 사회적, 경제적 지위가 보장되는 삶들이 있다. 우리가 흔히 말하는 ~사로 끝나는 직업들 이를테면, 변호사, 판검사, 의사, 변리사, 회계사 등이 이에 해당될 것이다. 꼭 전문직이 아니더라도, 소속된 집단으로 표현하는 방법이 있는데, 대기업, 공기업, 외국기업 등이 그 예가 될 수 있다. 이 고유 명사들로 표현될 수 있는 사람들은 부러움의 대상이 되는 경우가 많다. 나 역시도 예외는 아니며, 내색하지 않아도 많은 경우 그들을 부러워했다.

내 부러움의 실체를 자세히 들여다보면, 논리는 간단하다. 부러움은 보통 그들이 누리는 현재와 누리게 될 미래의 사회적, 경제적 지위를 향해 있었다. 향하는 정도란 내 생활이 어려울수록 그 강도를 더했는데, 그 친구를 부러워했던 그 날도 그랬다. 나는 그의 자격이 부러웠고, 그 자격이 보장하는 현재의 안정감과 미래의 기대감을 부러워했다.

하지만 내 부러움은 과거를 향해 있지 않았다. 오늘의 그 지위를 위해 노력과 인내라는 이름으로 물들여졌을 과거를 향하고 있진 않았다. 내 친구에게 향한 부러움도 마찬가지였다. 이 녀석이 시험을 준비한 가장 큰 이유는 후사를 도모할 수 없었기 때문이었다. 갑작스럽게 어려워진 집안 사정은 한번의 도전이 성과로 이어질 수 있는 시험으로 그를 밀어 넣었다. 군대를 막 전역했을 무렵, 순대를 나눠 먹으며 그가 내게 직접 전한 말이다. "이게 아니면, 후사를 도모할 수 없을 것 같아."

그의 수험 생활은 쉽지 않았다. 경제적으로 여의치 않아, 그 흔한 학원도 다니지 않으며 작은 방 안에서 스스로를 다그치며 수험 생활을 버텼다. 언젠가 방 안에 혼자 덩그러니 책을 넘기고 있으면 하염없이 찾아오는 불안함이 수험 생활을 가장 힘들게 한다고 말했던 그다.

얼마나 두려웠겠는가. 인생의 가장 젊은 날을 투자하며 불확실함과 홀로 싸우는 일이. 무엇 하나 확신할 수 없는 그 상황에서 펜 끝에 젊음을 거는 일이.

그가 합격 소식을 전하던 날, 내게 가장 먼저 떠오른 생각은 '자격'이었다. 내 친구는 합격을 맛볼 자격이 있었다. 지난하고 외로운 싸움을 포기하지 않고 이어온 그를 잘 알고 있었기에 그는 누릴 자격이 있다고 생각했었다. 그의 과거는 더 나은 현재와 보장된 미래를 보상받기에 충분하다고 생각했었다.

직장이 가까운 거리에 있어, 종종 그를 만난다.

지금도 가끔은 그의 보장된 삶이 부러울 때가 있다. 하지만 그를 향한 나의 부러움은 그가 보낸 과거와 오버랩되는 순간 수긍으로 바뀐다. 그는 그럴 자격이 있음에 순응하게 된다.

앞서 언급했던 고유 명사로 표현되는 사람들이 부럽지 않다면 거짓일 게다. 여전히 그들의 현재와 미래가 부럽다. 하지만 그 부러움도 그들이 뜨겁게 쏟아 냈을 과거와 겹쳐지는 순간, 인정으로 바뀐다. 오늘을 위해 얼마나 많은 과거가 필요했을까, 얼마나 열렬히 투쟁했을까 생각하다 보면, 내 부러움은 금세 인정과 수긍으로 바뀌어 간다.

세상에 공짜란 없으며, 노력 없는 결과도 없고, 과거 없이 홀로 선 현재도 미래도 없다. 타인에 대한 부러움이 정당하려면 현재와 미래로만 향할 것이 아니라 과거로도 향해야 한다. 오늘의 것들을 누리기 위해 피땀 흘렸을 과거를 모두 아우르고도 부럽다고 말할 수 있다면, 그게 정당한 부러움이다.

36

합리를 강조하는 현 시대에
개성이 반영된 삶을 살아내는 일은 어렵다.

누구나 살고 싶은 삶이 있고, 나아가고 싶은 삶의 방향이 있다. 누구나 유지하고 싶은 인생의 속도가 있으며, 살면서 꼭 지키고 싶은 신조가 있고, 반드시 지켜야 할 자신과의 약속도 있다. 모두가 다른 환경을 딛고 태어나며 성장하기에, 같은 시간과 공간을 살지라도 걸어 나가는 방향은 제각각이다.

내게도 살아가고 싶은 삶과 인생이 있다. 살면서 오감으로 느껴낸 이 세상의 모든 질감이 영향을 주어 설정된 삶과 인생이 있다. 내가 아닌 누군가의 눈으로는 이해할 수 없어도, 이 삶을 몸소 살아가는 장본인으로서 반드시 이루고 싶은 일도 있고, 꼭 지켜야만 하는 약속도 있다.

하지만 이성과 합리, 효율 그리고 빠름이라는 몇 가지 공통 키워드로 돌아가는 현대 사회에서 각자의 모습을 가진 삶은 종종 무시당하고, 조롱 받는다. 예술가에게 시원치 않은 돈벌이를 운운하며 그의 예술 정신을 업신여기고, 규칙을 지키며 정직을 삶의 최우선 가치로 살아가는 사람을 미련하다며 평가 절하하며, 사랑하는 연인에게 헌신하는 누군가를 바보라며 뒤에서 힐난한다. 그들이 걸어가는 삶 뒤에 쏟아지는 타인의 악평에는 모두 합리, 효율, 빠름이라는 현대 사회의 소산이자 동시에 모든 타인의 개성을 앗아가는 블랙홀이 숨어 있다.

상황이 이러하니 본인이 세운 규칙과 소신대로 삶을 이끌어 나가는 일은 쉽지가 않다. 분명 내가 설정한 삶의 방향이 있음에도 불구하고, 다른 사람들이 살아가는 삶의 방향을 계속 듣고 있으면, "이 방향이 맞는 것인가?", "나만 다른 게 아니라 틀린 삶을 살고 있는 것인가?" 하는 생각이 들 때가 있다. 특히나 '돈' 앞에서 그런 경우가 많은데, 돈을 쉽게, 빨리 그리고 많이 번 누군가의 삶의 방법을 듣고 있으면 자연스레 내 삶의 방법에 물음표가 붙을 때가 있다. 현대사회가 그런 분위기를 더욱 조장하는 것도 한몫한다.

바야흐로 투자의 시대다. 열풍을 넘어 광풍으로 치닫고 있다. 본래의 존재 이유를 잃은 아파트들은 하늘 무서운 줄 모르고 그 값어치를 자랑하고 있고, 숫자 하나에 한 사람의 삶을 좌지우지하는 주식은 빚을 져서라도 대열에 참여하게끔 한다. 매체에는 연일 재테크로 돈을 번 이들의 삶이, 지당 우리가 살아야 할 혹은 본받아야 할 삶인 것처럼 떠들어대고, 우리에게 영혼까지 끌어올 것을 암묵적으로 강요한다. 이 어마무시한 광풍 앞에서 개인의 모습이 반영된 삶을 지켜내고, 그 방향으로 꿋꿋하게 걸어가는 일은 정말이지 어렵다.

나도 특별히 다르지 않다. 더 많은 책을 읽고, 글을 쓰며, 내 이름을 단 책을 내겠다는 오래된 다짐을 품고 살아가지만, 나와 같은 나이에 더 많은 연봉을 받는 누군가, 주식 투자로 한몫을 챙긴 친구들의 이야기를 듣고 있으면 지금 이 시간에 문학책을 잡고 있을 게 아니라, 재테크 관련 책을 잡고 있어야 하는 게 아닌가 생각하게 된다. 그게 현명한 삶이고 앞서 나가는 삶이 아닐까 생각하게 된다.

어떤 삶이 더 나은 삶이라는 말을 하고 싶진 않다. 다만 현시대를 관통하는 몇 가지 키워드 아래서, 내 삶을 꿋꿋하게 밀고 나가기가 쉽지 않다는 것을 여실히 느끼고 있을 뿐이며, 다양한 주제로 이야기하고, 그 이야기에서 삶을 펼쳐 나가던 나의 고등학교 친구들의 대화가 하나의 주제로만 치닫고 있는 것이 못내 아쉬울 뿐이다.

이성, 합리, 효율 그리고 빠름이라는 몇 가지 키워드로 모두의 삶을 재단하는 현시대에서, 개인의 모습이 반영된 삶을 유지하는 일은 어렵다.
특히나 돈 앞에서, 개성을 유지한 삶을 꿋꿋하게 살아내고, 본인에게 주어진 유한한 시간을 그 개별적인 목표에 할당하는 것은 정말로 어렵다.
어른이 되기 전에는 미처 알지 못했던 삶의 모습이다.

37

4년 만에 돌아온 강의실에서.

나도 나름대로 상큼했던 그때. 나는 꿈 많고, 세상 모르는 신입생이었다. 그 당시 나는 이제 막 복학을 한 선배들과 몇 개의 수업을 같이 들었다. 적게는 2살에서 많게는 4,5살까지 차이가 났던 형들과 함께 수업을 들었다. 예상치 못하게 포르투갈어를 전공으로 선택했고, 영어도 제대로 하지 못하는 내게 또 다른 언어를 배우는 것은 대단히 낯설었다.

기초부터 하나하나 배웠다. '나는 배가 고프다', '나는 너를 좋아한다'와 같은 간단한 문장들을 배우고, 숫자 세는 법을 배우며 20살을 보내고 있었다. 일일이 손가락을 접어 가며 숫자를 외우고 있던 어느 봄날, 내 옆자리에는 얼굴은 검게 그을리고 팔에는 근육이 울룩불룩한 형이 앉아 있었다. 물론 그도 신입생인 나처럼 열심히 손가락을 접고 있었다. 그 광경이 꽤나 우스꽝스러웠다. 그것은 일종의 조소였다. 나도 머지않아 군대에 갈 것이며, 어쩌면 그보다 더 늦은 나이에 복학을 할지도 모른다는 사실을 전혀 몰랐던 20살의 얄미운 생각이었다.

그때로부터 시간이 꽤 지났다. 입장을 바꿔 다시 그 자리에 앉았다. 그때 그 형만큼 팔에 근육이 울룩불룩하지는 않지만, 얼굴은 그럴싸하게 까맣다. 20살을 한참 지난 나는, 20살 친구들과 수업을 듣고 있다. 나도 예전에는 너희들처럼 항상 같이 밥 먹을 사람이 있었고, 학교에 오는 것이 즐거웠던 시간이 있었다고 말해 주고 싶지만, 그럴 수 없다. 수업은 원어 강의로 포르투갈어만 쓸 수 있다. 나는 벙어리다.

나는 이상해졌다. 생각이 많아진 나는 이상해졌다. 이상하게도 자꾸만 외운 것을 까먹는다. 외운 것만 까먹는 게 아니라, 외우는 데도 시간이 오래 걸린다. 다들 그런 줄 알았는데, 다른 사람들은 잘만 외운다. 머리가 나빠진 걸까. 또 이상하게 자꾸만 배가 고프다. 훈련병 때 그랬던 것처럼 자꾸만 배가 고프다. 밥을 먹고 돌아서면 또 배가 고프다.

이상하게도 사고 싶은 것은 많은 데 돈은 없다. 멋진 옷을 사 입고 한껏 멋도 부리고 싶지만, 책값은 너무 비싸고, 교통비도 많이 들고, 밥 값도 부담스럽다. 그렇다고 한없이 집에 손만 벌리기에는 내 나이가 부끄럽다. 이상하게도 하고 싶은 것은 많은데, 해야 할 것이 더 많다. 이것저것 하고 싶은 것은 많은데, 그에 앞서 꼭 해야 될 것들이 산재한다. 시간을 늘릴 수 있다면 좋겠지만, 그건 동화에서나 가능한 일이다. 잠을 줄일 수밖에 없다.

이런 생각을 하고 있노라면 슬프게도 내 역량을 의심하기 시작한다. 포부와 야망으로 가득 찬 김병장은 온데간데없이 사라진다.

얼마 전, 수업을 같이 들었던 그 복학생 선배와 통화를 했다. 번듯한 직장에서 일하고 있는 그에게 나는 내가 느끼고 있는 것들을 거리낌 없이 말했다. 이 시간을 먼저 겪은 그 선배에게 나 역시도 그 시간을 지나고 있음을 말하고 싶었다. 고충을 토로하면서, 어쩌면 어리석었던

20살의 조소를 용서받고 싶었는지도 모르겠다.

　내 이야기를 조용히 듣던 그가 말했다. 시간이 지나면 지금까지 그
랬던 것처럼 그리워진다고, 자기는 다시 그때로 돌아가고 싶다고.

　모든 새로운 시작은 어색하고 어렵고 또 불편하다. 모든 게 그랬고,
살아가면서 내가 하게 될 모든 일들이 그러할 것이다. 이 역시도 새로
운 시작이니 당연히 어려운 것이겠지. 시간이 얼른 지나서 이 새로움
에도 익숙해지고 싶다. 시간이 얼른 지나서, '그땐 그랬지' 하고 웃으면
서 말할 수 있기를. 그런 날이 내게도 무사히 찾아오기를 바란다. 수화
기 너머의 형처럼, '그래도 그때가 좋았는데…' 하고 말할 수 있는 날
이 오길 진심으로 바란다.

38

행복은 더 많이 얻는 데 있는 것이 아니라 가진 것에 만족하는 데 있다.

더 성장하고 발전해야 한다.

노력하고 경쟁하고 앞서 나가야 한다.

더 좋은 삶을 살기 위해서는 어제까지의 나를 넘어서고, 나보다 앞서 나가고 있는 경쟁자를 따라잡아야 한다.

삶의 행복은 한 단계 도약할 때 증진될 수 있다.

우리는 응당 그렇게 살아야 한다.

과연 그럴까?

나는 스스로를 결핍이 많은 환경에서 태어났다고 여겨왔다.

비공식적으로 존재한다고 믿고 있는 21세기 대한민국의 신분제에서 나의 위치는 저 아래 어디쯤으로 여겨왔다.

성인이 되면서 그런 생각은 더욱 강화됐고, 내 인생에 주어진 행복을 증대시키는 방법은 결국 나를 채찍질하여, 앞서 나가는 이들의 꽁무니를 따라가는 일이라고 생각했다.

이 생각은 내 에너지의 원천이 됐고, 나는 소위 말해 '열심히' 살았다.

나보다 잘난 사람들을 우러러 보며 살았다. 부러움과 자격지심을 벗삼아 열심히 살았다.

그리고 운이 좋게도 노력한 대가가 있었다. 가끔은 내 노력과 재능에 과분한 성과를 거두기도 하였다.

가시적 성과 앞에서 더 힘을 내, 열심히 살았다.

앞서 말한 비공식적 신분제에서 나의 위치는 이전보다 높아지고 있다고 생각했으며, 이 변화가 내심 자랑스럽기도 했다.

하지만 세상에는 잘난 사람 천지였다.
내 기준에 나보다 더 나은 살림살이를 하고 있는 이들을 쫓으면 쫓을수록,
하나의 관문을 통과해 새로운 곳으로 올라서면 설수록,
더 높은 곳에, 더 멋진 곳에 더 많은 사람이 있었다.
그럴 때마다 나는 다시 자극을 받았고, 더 열심히 살아야 한다고 속으로 몇 번씩 되뇌었다.
비빌 언덕이 없는 이의 유일한 무기는 언제나 '열심히'였다.

그렇게 열심히 위에 열심히를 쌓으며, 위만 쳐다보고 살았다.
그런데 그게 점점 어렵고 힘들어진다.
내가 갖지 못한 것들을 가진 사람들과
내가 누리지 못하는 것들을 누리고 있는 사람들을 쫓아,
하루하루 그저 열심히 열심히만 외치며 위를 보고 살아가는 일에 피로가 쌓이고 숨이 찬다.
그들과의 비교에서 오는 열패감과 상대적 박탈감 속에서 나는 작아지고, 내가 쌓아 올린 금자탑도 작아진다.

더 높은 곳에 있는 성취에 눈이 멀어, 내가 그간 값지게 이뤄낸 성취들에는 눈길을 주지 않는다.
내게 허락되지 않은 행운들에 둘러싸여, 내게 허락된 행운의 고마움을 잊는다.
행복을 쟁취하려 도모한 노력과 성장이 우울함으로 돌아와 행복을 좀먹을 때, 위만을 향하던 내 고개와 눈은 피로해진다.

내가 갖지 못한 것에 혈안이 되어, 너무나 감사하게도 내게 허락된 행운들을 등한시하는 나를 발견한다.

누군가는 간절하게 바라고 바라도, 허락받을 수 없는 소중한 것들을 누리고 있으면서도 그 고마움을 잊고 살아가는 나를 발견한다.

건강한 신체, 사랑하는 가족, 소중한 친구들, 노력할 수 있는 열정 그리고 자유롭게 생각할 수 있는 상상력.

모두 다 열거할 순 없지만, 오늘의 내가 나로 살아갈 수 있게끔 해주는 모든 것들이 얼마나 값지고 소중한가.

내가 등한시하며 당연하게 여기는 무언가가, 누군가에게는 그토록 처절하게 바라는 무언가일 수도 있음에 나는 눈을 감는다.

내가 누리지 못한 것들이 내가 누리고 있는 것들의 고마움을 앗아가도록 방치하는 일은 내 삶에 대한 모독이며, 그것조차 허락받지 못한 자들에 대한 엄청난 무례이다.

잠시만 목의 긴장을 풀고 주위를 살펴보면, 나보다 어려운 환경에 처해, 더 강한 투쟁으로 삶을 이끌어 가는 이들이 있다.

오늘의 내가 당연하게 받아들인 삶의 한 장면을 위해 온몸과 마음으로 부딪치는 이들이 있다.

사랑하는 가족의 얼굴을, 내가 무심코 지나친 노을 한 자락을 두 눈으로 보는 것이 소원인 이들이 있다.

그들보다 더 나은 것이 없는 내게, 그 값진 행운들이 주어졌는데 어찌 눈물겹지 않을 수 있을까.

아침에 건강히 눈떠, 늦은 밤 잠자리에 들 때까지 내가 무심코 누린 것 중 어느 하나 감사하지 않은 게 없다.

행복은 더 이룰 때 가까워지는 것이 아니라, 지금 허락된 것에 감사할 때 가까워지는 것이다.

부디 이 행복의 진리를 잊지 않기를. 늘 가진 것에 감사할 수 있기를.

39

배고프지 않아도 아침을 먹으며
어머니의 행복을 지켜준다.

어머니가 계신 고향 집에 내려가면, 내가 몇 시에 도착하든 어머니는 항상 손수 지은 따뜻한 밥을 내오신다. 익숙한 밥상 위에 한결같은 맛과 기억을 가진 음식들을 내오신다.

본인의 취침 시간을 넘긴 늦은 시간 도착하면, 말은 일찍 일찍 다니라며 꾸중을 해도 얼굴에는 숨길 수 없는 미소가 젖어온다. 졸린 눈 비비시며 따뜻한 국물과 함께 밥상을 차리신다.

펄펄 끓는 된장찌개와 흰 밥을 입안 가득 밀어 넣는 모습을 보시고 나서야 잠자리에 드신다.

내가 아침 늦게까지 자고 있으면, 외출하시면서도 손수 지은 아침을 차려 놓고 나가신다. 아침 차려 놨으니 꼭 챙겨 먹으라는 단촐한 말과 함께.

정작 본인은 간단하게 해결하고 나갔으면서도, 언제 일어날지 모르는 자식을 위해 있는 것 없는 것 다 차려 놓고 가신다.

돌아갈 차 시간이 가까워지면, 아쉬운 마음에 하나라도 더 먹이려 부지런을 떠시고, 이미 반찬과 과일로 가득 찬 가방에 무엇을 더 넣어 줄 수 있을까 고민하신다.

늦은 시간 잠깐 들려 잠만 자고 급히 떠나던 새벽, 어머니는 기꺼이 두 끼를 해 먹이셨다. "엄마 그냥 편하게 간단히 먹자"라고 말하려다 멈추게 된다. 숟가락을 드는 나를 너무나 따뜻한 미소로 바라보시는 어머니를 보며 마음을 고쳐 먹는다.

어머니가 행복을 느끼는 방법을 지켜주자. 자식에게 직접 밥을 해 먹일 때 어머니만이 느낄 수 있는 그 고유의 행복을 최선을 다해 지켜드리자. 그게 어쩌면 최고의 효도일지도 모른다.

새벽에 일어나 배가 고프지 않아도 차려 주신 모든 음식을 먹고, 집에서 밥도 잘 안 해 먹으면서 반찬을 꼭 싸 가는 이유는, 나를 위해서가 아니라 어머니를 위해서다.

어머니가 행복했으면 하는 마음에서다.

어머니가 행복을 느끼시는 방법을 지켜드리는 일.

왜 꼭 힘드시게 손수 밥을 지으실까, 생각하다가도

자식된 자의 최고의 도리는 별말 없이 그저 맛있게 먹는 것이라고 생각하는 일.

그런 생각으로 밥상 앞에 앉은 어머니의 미소를 바라보는 일.

어른이 된 자식이 마땅히 해야 할 일이다.

이상과 현실의 차이.

미래의 나를 그릴 땐 막연하게나마 항상 이상적으로 그리는 모습이 있었다.
왜 그런 이상을 갖게 됐는가 깊은 사색은 없었지만, 되고 싶은 모습은 늘 있
었다.
초등학생의 내가 그리던 이상적인 고등학생의 모습이 있었고,
고등학생의 내가 이상적이라 생각하던 20살의 모습이 있었다.
막 성인이 된 20대 초반의 내가 바랬던 20대 후반의 모습 역시 있었다.

하지만 그 바람들이 무색할 정도로 실제 내가 겪어온 나의 모습들은 이상과
달랐다.
초등학생의 내가 바랬던 고등학생의 모습과 달리 고등학생의 나는 그리 키
가 크지 않았고,
고등학생의 내가 기대했던 20살의 모습과 달리 20살의 나는 어수룩한 애
송이었다.
20대 초반의 내가 진심으로 소망했던 20대 후반의 모습과 달리, 20대 후반
의 나는 화려하지도 부유하지도 그렇다고 성숙하지도 않다.

기대가 높았던 탓일까, 현실이 낮았던 탓일까.
시간이 지날수록 점점 멀어지는 현실과 기대 사이에서 나의 20대는 저물고,
30대는 다가온다.

하지만 기대와 현실이 비참할 정도로 다를 수 있다는 것을 잘 알면서도, 나
는 다시 이상적인 나의 30대를 그린다.

지금의 고민으로부터 성장하길 바라며, 지금의 주머니보다 무거워진 주머니를 갖길 바라며,
지금보다 더 큰 족적을 남기길 감히 바라며 30대의 이상적인 나를 그리고 있다.

근거 없이 이상적인 나의 모습을 그리는 일이 나를 다시 움직이게끔 한다.
항상 기대에 미치지 못했던 내 삶에 대한 실망감을 잠시나마 덮어 주고, 기꺼이 새로운 아침과 내일을 열 힘을 준다.

지금의 내가 그리는 미래의 나의 삶이 기대와 다를 것을 경험으로 알고 있으면서도, 다시 미래의 이상을 그리는 것.
그리고 그 근거 없는 이상으로부터 내일을 살아갈 힘을 얻어내는 것.
이상과 현실을 동시에 살아가는 어른의 삶이다.

셋

41

건강한 연애를 위해 서로 각자의 마음을 책임질 것.

'실용 연애특강'이라는 강연을 들은 적이 있다. 소극장에서 진행된 강의는 언제나 만석이었다. 항상 무언가를 배우고 공부해야 한다는 압박감에 사는 우리 세대가 이윽고 사랑을 공부하기 시작한 것이다. 소극장에 앉아 있는 모든 이들은 제각기 다른 연애사를 간직하고 있음은 틀림없었지만, 그 각각의 연애사에도 공통점이 있다는 것 역시도 틀림없었다.

세 번째 강의였다. 짧은 머리와, 한없이 맑은 미소가 인상 깊었던 강사님의 강의였다. 자신의 성공한 연애(?)와 실패한 연애(?)를 비교하는 형식으로 강의를 진행하셨다. 그 두 연애의 차이점은 '누구의 마음을 책임질 것인가'였다고 한다. 상대의 마음에 참견하고 책임지려던 그녀의 전 연애들의 결말은 그리 아름답지 않았다고 말했다. 그리고 이를 깨달은 어느 날, 그녀에게는 새로운 인연이 찾아왔고, 그녀는 그와 '서로 자기의 마음을 책임질 것'을 약속했다고 했다. 타인의 마음이 아닌.

이별이 아픔만은 아니듯, 만남 역시도 분명 기쁨만은 아니다. 서로가 서로를 좋아하고 있음에도, 종종 만남은 아프다. 그래서 사랑해본 이들은 서로가 사랑해도 이별할 수 있다는 데 동의한다.

만남의 고통은 대개 상대의 마음을 억측하는 데서 온다. 나의 손길이 닿지 않는 상대의 미지의 영역을 가만히 보고 있는 일은 상당한 곤욕이다. 그건 이따금씩 불편하고, 때때로 두렵다. 우리는 그 미지를 밝히기 위해, 상상하고 예상하고 때로는 의심도 한다. 관여할 수 없는, 그래서 절대 책임도 질 수 없는 상대의 마음을 소유하려 발버둥치는 것이다. 그것도 사랑의 이름으로 말이다.

하지만 그 발버둥이 아무리 본인 딴에는 숭고하고 진실해도, 공허한 메아리일 뿐 상대의 마음에 정확히 닿을 수는 없다. 설령 상대가 내 앞에서 언제나 헐벗는 진실한 사람이라 할지라도 상대의 모든 마음을 파악할 수는 없다. 그래서 우리는 가끔씩 불안한 마음을 적절치 않은 방법으로 달래며, 의도치 않게 상대에게 상처를 준다. 서로를 아끼면서도, 불안함과 불편함에 눌려 상처를 준다. 그 상처는 때로 깊어져, 치유할 수 없는 지경에 이르기도 한다.

강사님은 경험으로 체득한 이 이야기를 전하며, 그렇기 때문에 우리는 상대의 마음을 책임질 것이 아니라 서로 각자의 마음을 책임져야 한다고 말했다. 어차피 상대방의 모든 마음과 생각을 읽은 순 없고 또한 책임도 질 수 없으니, 우리는 그저 이를 받아들이는 내 마음을 책임져야 한다고 말했다. 상대의 마음을 완전히 통제할 수 없음에서 오는 불안함은 내 마음을 다스림으로써 해소될 수 있는 것이었다. 어차피 불편함도 불안함도 내 몫이니, 내 마음을 책임질 수 있다면 더 이상 상대를 몰아붙일 이유도 없었다. 서로가 각자의 마음을 책임져, 누군가를 사랑할 때 수반될 수밖에 없는 불안함, 외로움 그리고 두려움을 다스릴 수 있다면 서로에게 상처를 줄 이유가 없었다. 그녀가 새롭고 특별한 만남을 시작한 그와 서로 각자의 마음을 책임지기로 한 이유였다.

가끔은 스스로의 마음도 잘 모르면서, 상대의 그것을 모두 헤아리려 객기를 부릴 때가 있었다. 응당 연애란 내 마음을 상대에게, 상대의 마음을 나에게 훤히 연 채 소유하고 책임지는 것이라고 믿었던 때가 있었다. 그 어설픈 욕심들의 말로는 상처였고, 책임질 수 없는 것을 책임지려 했던 어리석음은 이별이 되었다.

　건강한 연애를 위해서는 서로 각자의 마음을 책임져야 한다고 말하는 강사님을 보며, 어쩌면 내 실패한(?) 연애의 이유도 저기에 있겠구나 싶었다.

　　　　　　　　　　　　　　　　　　어설프게 어른이 되었다

망각의 고마움.

누구나 삶을 기쁨, 환희, 성공, 행복과 같은 긍정적인 단어로만 채우고 싶어할 것이다. 하지만 신이 아닌 인간으로 삶을 살아가기에 우리의 인생은 종종 불명예, 좌절, 고통, 불행과 같은 단어로 채워질 때가 있다.

행복의 순간들이 기억나지 않고, 하루의 삶이 하루의 고통이 되는 그런 순간은 우리의 삶에 불쑥불쑥 찾아온다. 때론 내 잘못이 아닌 곳에서도 피할 수 없는 불행이 찾아오니, 정말이지 어찌할 수가 없다.

부지불식간에 찾아오는 불행과 불운 중에는 도무지 견딜 수 없는 지독한 녀석들도 있다. 빛 하나 없는 구렁텅이로 밀고 가, 희망 없는 절망과 고독 속을 걷고 또 걷게 만드는 고약한 순간들이 있다. 그런 순간과 상황들이 찾아오지 않는 삶이라면 참 좋으련만, 어림할 수도 없는 거대한 아픔 속에 빠져 허우적거리는 사람들을 우리는 너무나 쉽게 찾아볼 수 있다. 게다가 그들 중 대개는 크게 잘못한 것도 없는데 그런 고통을 마주하니, 세상은 가끔 너무나 가혹하다.

하지만 인간은 생각보다 강하며, 개인차이는 있겠으나, 슬픔과 좌절을 견디는 저항력을 가지고 있다. 누군가를 죽이지 못한 고통은 결국 그를 강하게 만드는 것처럼, 인간은 칠흑 같은 어둠 속에서도 어떻게든 빛을 찾아내며 이겨내고 성장한다. 나는 그 이유 중 하나가, 인간은 망각의 동물이기 때문이라 생각한다. 우리가 무언가를 잊을 수 있기 때문이라고 생각한다는 말이다.

망각은 어떤 사실을 잊어버린다는 뜻이다. 인간은 흔히 망각의 동물이라 불린다. 무언가를 끊임없이 잊기 때문이다. 보통 인간은 무언가를 겪고 나서 10분 후부터 망각하기 시작하는데, 아무리 좋은 두뇌를 가졌어도, 망각은 블랙홀처럼 찾아온다.

망각은 좋은 기억과 나쁜 기억을 가리지 않고 모두 다 잊게 만든다. 눈부시게 행복했던 순간도, 가슴이 미어졌던 아픔의 순간도 망각 앞에서는 파도가 훑고 간 백사장의 흔적처럼 사라진다. 감정에 대한 기억은 휘발성이 더욱 강한데, 그런 일이 있었다는 객관적 사실은 기억할지 몰라도, 그 사실이 가지고 있던 감정은 모두 날아가 버린다. 망각하게 되는 것이다. 그때의 행복의 감정도 슬픔의 감정도.

망각은 결코 나쁜 것이 아니다. 망각은 신의 축복이라는 말이 있듯이 어쩌면 인간이 고통과 고난 속에서도 삶을 이어 나갈 수 있는 이유는 우리가 망각하기 때문일 수도 있다.

사랑하는 이의 갑작스러운 죽음과 같은 슬픔이 잊히지 않는다면, 잊혀지지 않고 그 순간 그대로 평생 머리와 가슴에 남는다면, 그는 슬픔에 사무쳐 도무지 살아갈 수 없을 것이다. 하지만 불행 중 다행으로, 기억은 망각된다. 객관적 인식은 남을지 몰라도, 감정으로 표현된 기억은 잊혀진다. 사랑하는 이가 죽었다는 명제 뒤에 숨겨진 슬픔의 마그마가 망각 속에서 진화되는 것이다. 그리고는 도무지 이겨낼 수 없을 것 같은 슬픔 속에서도 내일을 살아갈 수 있게 되는 것이다.

어설프게 어른이 되었다

내게도 온몸을 뒤흔드는 슬픔이나 도무지 극복할 수 없을 것 같은 좌절의 순간이 찾아온 적이 있었다. 하지만 그럼에도 불구하고 나의 삶은 지속될 수 있었고, 다시 행복을 느낄 수 있었으며, 내일을 기약할 수 있게 됐다. 지금도 그때의 고난을 생각하면 마음이 저리지만, 그때의 그 무지막지한 감정은 망각된 지 오래다. 그 덕분에 나는 다시 삶을 살아갈 수 있게 됐다.

망각은 내게도 신이 준 선물이다. 나를 할퀴고 간 시련에도 불구하고, 다시 행복을 찾아 살아갈 수 있도록 만들어준 값진 선물이다.

43

인생은 권투시합.

한 남자가 있다. 불혹의 나이 마흔. 사업 실패. 가정 불화. 자신 있게 아들 앞에 설 수도 없는 아버지. 그 모든 오욕들을 맨주먹으로 맞서는 남자. 한 때는 아시안 게임 권투 은메달 리스트. 그는 돈을 받고 사람들에게 맞아주며, 세상에 맞서고 있는 길거리 복서다. 믿는 건 맷집밖에 없는 그를 세상은 마음껏 조롱하고 비아냥거린다. 아들에게 창피하다는 말을 들은 어느 날, 그에게 남은 건 글러브뿐이었다. 그의 최후의 보루는 가족이다.

또 다른 남자가 있다. 지긋지긋하게 따라오는 가난. 등이 휜 채 세상 가장 낮은 자리에서 살아가는 할머니. 기우는 가세를 온 몸 던져 버티는 아버지. 그는 세상이 지운 운명에 열렬하게 반항하는 청춘이다. 어느 날 그에게 막노동을 하던 아버지의 비보가 날아든다. 하지만 세상은 그에게 더 모질었다. 아버지에 대한 눈물이 채 마를 겨를도 없이, 그의 할머니 역시 충격으로 쓰러지신다. 그는 글러브를 집어 든다. 그의 최후의 보루도 가족이다.

두 남자는 '신인왕전'에 출전한다. 한 남자의 마침표와 한 남자의 느낌표가 결승에서 출동한다. 물러설 수 없는 남자와 물러설 곳이 없는 남자는 작은 사각링에서 서로를 마주한다. 내 얼굴로 날아드는 상대의 모진 인생의 주먹을 견뎌 내고, 내 사연을 실은 주먹을 상대의 얼굴에 꽂는다. 선혈이 낭자하고, 두 눈은 불어터져 앞도 제대로 볼 수 없지만, 상대를 쓰러뜨리기 전까진 절대 포기할 수 없다. 내가 사랑하는 가족의 무게는 내가 버려야 할 상대의 주먹보다 무겁다. 그렇게 두 남자의 절절한 사연이 작렬하게 맞붙는다. 영화 '주먹이 운다'이다.

썩 성에 차지 않은 면접을 보고 나왔다. 내쉬는 것이 숨인지 한숨인지 분간할 수 없다. 나보다 곱절은 뛰어나 보이는 지원자들이 막무가내로 미워지는 마음을 잠재울 수 없어, 부끄럽다. 그 위에 겹쳐지는 가족의 얼굴은 내 삶의 무게이자, 내 삶의 최후의 보루다.

사각의 면접장에서 나는 다른 지원자들과 함께 있었다. 우리는 우리가 얼마나 모진 길을 걸어왔는지 각자의 방법으로 말했고, 그 길 끝에서 무엇을 느끼고 있는지 장황하게 말했다. 분을 발라 단점을 숨기고, 몸을 놀려 장점을 늘어놨다. 서로는 서로를 견제했고, 탐색했으며, 밟고 올라서려 애를 썼다. 포성 없는 전쟁과 같았고, 주먹 없는 권투시합과 같았다. 우리는 사각의 면접장에 앉아 있었다.

나는 그곳에서 내 삶의 무게를 느끼고 있었다. 아마도 다른 지원자들은 그들의 삶의 무게를 느끼고 있었겠지. 그들의 최후의 보루도 가족이 아니었을까. 지난 면접을 회상하며, 영화 '주먹이 운다'를 생각하는 이유다.

인생이 때때로 잔인하게 느껴지는 이유는 애절한 사연과 절절한 사연이 맞붙는 장이면서, 애석하게 그중 하나의 사연만 들어주기 때문이다. 나와 비슷한 삶의 무게를 짊어지고 있는 상대를 쓰러트려야만 하는 권투 시합처럼 말이다.

44

좋아하는 일로 밥벌이하는 누군가를 부러워한다.

"사람은 누구든지 자신의 삶을 자기 방식대로 살아가는 것이 바람직하다. 그 방식이 최선이어서가 아니라, 자기 방식대로 사는 길이기 때문에 바람직한 것이다."

자유론의 저자 존 스튜어트 밀의 말이다. 자신의 삶은 자신의 방법대로 설계해야 마땅하다는 말이다. 굳이 어려운 존 스튜어트 밀까지 가지 않더라도, 우리 사회의 멘토 역할을 자처하는 이들 역시 이와 비슷한 말을 한다. 특히 어떻게 살아야 행복하게 잘 살 수 있는가라는 일반적이나 쉽지만은 않은 질문을 받았을 때 그렇다. "하고 싶은 일을 해라." 그들은 그렇게 말한다. 생은 유한하며 게다가 언제 끝날지도 모르니, 자신의 삶을 자신이 하고 싶은 일로 채우며 살아가라는 말이다. 외부의 목소리에 결정된 삶이 아닌, 이 삶을 살아내고 있는 내 안의 목소리를 따라서 삶을 설계해야, 행복하게 살 수 있다는 말이다.

하고 싶은 일을 하며 살기 위해선, 먼저 내가 하고 싶은 일이 무엇인지 알아야 한다. 그래야 뭐라도 할 수 있으니깐. 그런데 생각보다 하고 싶은 일을 알아내는 게 어렵다. 막상 주도권을 가지고 삶을 원하는 방향으로 설계하려고 하면, 내가 궁극적으로 하고 싶은 바가 무엇인지 명확하지가 않다. 내가 좋아한다고 믿었던 것들을 자세히 들여다보면, 다른 사람들이 좋다고 하니 나도 그저 좋다고 착각했던 것들이 많다. 목표라는 이름으로 내 삶에 세워진 목적지들은 내가 아닌, 내 주위 사람들에 의해 세워진 목적지인 경우가 많다.

내가 뭘 좋아하는지 잘 모르겠다. 많은 사람의 고민이다. 청소년, 청년, 중년 아니 어쩌면 노년까지 해당될 수 있는 고민이다. 남들이 보기에는 성공 가도를 달리고 있는 사람들도 곧잘 시달리는 질문이다. 사회가 원하는 방식과 주변 사람들을 만족시킬 수 있는 방식으로 삶을 이끌어온 사람일수록 더 고약하게 따라오는 고민이기도 하다.

나는 어떤 사람이며, 무엇을 할 때 가장 행복한가를 알기 위해선 여러 환경에 본인을 노출시키며 충분한 시간을 갖고 나를 탐구해 봐야 한다. 머리와 마음이 말랑말랑한 청소년기에 수행되면 가장 좋다.

하지만 한국의 문화적 특성, 교육적 특성 때문에 성인이 되기 전 나를 충분히 알아보긴 어렵다. 모두가 명문대 진학을 위해 애쓰고 있는 마당에, 나를 알아보겠다는 이유로 입시와 아무 상관도 없는 일을 하며 시간을 보냈다가는 실력 없는 놈 취급받기 딱 좋고, 어머니 아버지의 걱정거리가 되기 딱 좋다. 그래서 성인이 된 언젠가, 내가 하고 싶은 일을 하며 살아야겠다고 다짐하는 순간, 가장 원초적인 질문으로 돌아갈 수밖에 없다. 나는 무엇을 좋아하는가.

자신을 탐구하는 시간을 가질 수 있는 것도 특권이고 행운이다. 먹여 살려야 할 식솔들이 있는 경우처럼 당장 주어진 일이 급선무인 경우, 내가 하고 싶은 일을 찾는다는 말은 책임감 없는 처사일 수 있다. 그렇다 보니 생을 마감하는 순간까지도 본인이 좋아하는 것이 무엇인지 모르는 경우가 왕왕 있다.

본인이 좋아하는 일이 무엇인지 안다는 건 분명 엄청난 행운이다. 그 결과가 어떻게 됐든, 만약 그 일로 삶을 채워 나갈 용기가 있다면 그건 더 큰 행운이며, 한발 더 나아가서 좋아하는 일을 잘할 수 있는 재능까지 갖고 있다면, 그건 생에서 누릴 수 있는 최고의 행운이지 않을까 싶다. 세계적인 운동선수처럼 한 분야에서 뛰어난 성과를 낸 사람들이 대부분 이런 행운을 타고난 사람들이라 말해도 무방할 것이다.

어른이 된 나는 행복과 불행 사이를 영유하다, 어떻게 살 것인가라는 제법 무겁지만 꼭 해야 하는 질문 앞에 섰다. 오늘까지의 내가 내린 결정은, 앞서 말한 멘토들의 말과 크게 다르지 않다. 내가 좋아하고, 내가 옳다고 믿는 방법으로 살자. 내가 살아가는 단 한 번뿐인 삶이니깐.

나는 나에게 묻는다.
나는 무엇을 할 때 행복했던가.
나를 둘러싼 당위성, 의무감 같은 맥락을 다 제하고도 나는 진실로 그 일을 좋아하는가.
나는 그 일로 호구지책을 마련할 수 있을까.
설령 결과가 좋지 않더라도 나는 기꺼이 뛰어들 용기가 있는가.

나름 나에 대해 잘 알고 있다고 생각했지만, 근원적 질문 속에서 반추하는 내가 익숙하지 않다. 내가 나에게 끊임없이 질문을 던지는 지금 이 순간, 가장 부러운 사람은 진정 자신이 좋아하는 일로 밥벌이를 하고 있는 누군가이다.

45

학창 시절과 연애.

얼마 전 고등학교 때 다니던 학원 선생님을 만났다. 특유의 열린 사고를 가지신 선생님과는 고등학교를 졸업한 이후에도 격없이 연락을 하며 지내는 사이다. 선생님은 수업을 줄인 뒤로는 살만 찌고 있다며 푸념을 늘어놓으셨지만, 이전에 여유가 없어 보이던 때보다 좋아 보이셨다.

선생님과는 워낙 오랜만에 봤기에, 그간에 하지 못했던 이야기들을 폭포수처럼 쏟아 냈다. 얘기를 하다 문득 선생님 아이들의 근황이 궁금해졌다. 내 기억속에는 아직도 어린 아이인 그 녀석들이 어느새 고등학생이 됐다고 한다. 선생님께서는 두 명의 고등학생 자녀를 둔 학부모로서 이런저런 고민이 있다며, 먼저 그 시간을 지나온 내게 혜안이라도 묻듯이 고민을 털어놓으셨다. 고등학생의 내가 했던 고민들을 학부모의 입장에서 들어 보니 색달랐다. 선생님은 그 중에서도 가장 큰 고민이 있다며, 말을 하기 전 커피를 한 모금 쭉 들이키셨다. 고2인 딸에게 남자친구가 생긴 것이다.

이야기를 들으면서 선생님께서 하시는 고민에 전적으로 공감할 수 있었다. 대학입시라는 인생의 첫 시작을 준비하는 학생으로서 모든 기운을 쏟아도 아쉬운 판국에, 연애는 독약이 될 수도 있다. 특히나 연애의 당사자가 아닌 부모에게는 더욱이 그렇게 보인다. 그것은 내가 학창시절에 했던 생각이기도 했다.

그러나 한 편으론 선생님의 딸을 응원하고 싶었다. 이제 다시는 교복을 입고 가팔랐던 등교길을 오를 수 없는 내게, 그 시절의 연애는 다시는 할 수 없는 그것이기 때문이었다.

고등학교를 졸업하고 다시는 교복을 입을 수 없게 되면서 아쉬운 것들이 생겼다. 다른 친구들보다 대입준비를 늦게 시작했던 나는 많은 것들을 포기했었다. 포기했다기보다는 필히 포기해야 하는 줄 알았다. 그중에서도 감정의 소모가 뒤따르는 연애는 1순위 포기 대상이었다. 그런데 유난히 그 포기가 아쉽다.

교복을 입고, 가방을 정갈하게 메고, 놓치면 길이라도 잃을 것처럼 손을 꼭 잡고 가는 학생들을 보면 그 남학생의 얼굴에 나를 그려 넣어 본다. 그리고 반대편 여학생의 얼굴에는 마음으로만 좋아했던 그때 그 여고생을 그려 넣는다. 지금처럼 때가 탄 마음이 아닌, 그때의 백설기 마냥 하얀 마음으로 풋풋한 설렘을 느낄 수 있었다면 얼마나 좋았을까. 육체를 섞지 않아도 마주잡은 손으로 서로의 체온을 느끼며, 서로의 꿈을 응원할 수 있었으면 참 좋았을 것을.

면도를 하지 않아 코밑이 거뭇거뭇한 채로 그게 참 아쉽다고 생각하고 있었다. 그래서 난 선생님의 딸을 응원하기로 했다. 물론 선생님께는 비밀로 했다.

46

크리스마스의 즐거움은 기다림에 있다.

도심을 가득 메운 캐럴과 형형색색의 화려한 조명.
가로수 위에 얹혀 반짝이는 작은 조명들과 그 밑을 지나는 연인들의 가벼운
발걸음.
지난밤 내린 눈이 세상 이곳저곳에 역력할 때, 볼에 닿는 차가운 바람마저
도 기분 좋은 크리스마스가 다가온다.

남녀노소 크리스마스를 기다린다. 불자인 우리 엄마까지도 캐럴을 흥얼거린다.
우리는 호화로운 파티 같이 꼭 거창하게 무언가를 하지 않아도, 크리스마스
를 반긴다.
캐럴과 조명으로 가득 찬 거리를 걸을 때면 별 이유 없이 마음이 따뜻해지
고 신이 난다.
연말의 애틋한 분위기까지 더해져 크리스마스는 애틋하면서도 따뜻하다.

12월 중순이 다가오면, 사람들은 크리스마스를 준비한다.
따뜻한 느낌을 주는 조명을 설치하고, 캐럴을 듣는다.
사람들은 크리스마스에 어울릴 만한 대화를 주고받으며 계획을 세운다.
설렘은 커지고 분위기는 무르익는다. 21일, 22일, 23일, 24일 그리고 마침
내 25일.
기대감은 클라이맥스로 향하는 노래처럼 25일, 크리스마스 당일을 향해 흐
른다.

나도 모르게 기대하게 된 크리스마스 당일이다.

크리스마스 당일에는 가족, 친구, 연인과 함께 시간을 보낸다. 맛있는 음식을 먹고, 선물을 교환한다.

한 해를 마무리하는 소감과 함께 새해 소망을 밝히기도 한다.

산타 할아버지가 오지 않는다는 것을 잘 알면서도 괜스레 그를 기다려 보기도 하고,

나이를 잊은 채 캐럴을 열심히 불러도 본다.

그렇게 25일이 지났다.

계획대로 알차게 보냈음에도 무언가 허전하다.

거리에서 흔적을 감춘 캐럴과 조명도 허전함을 더한다.

크리스마스를 신나게 보냈지만, 왠지 모르게 기다릴 때만큼의 신남이 아니다. 25일이 가까워지며 한껏 부풀었던 마음에 비하면, 25일 당일은 그 감흥이 밋밋했다.

작년에 사둔 트리를 다시 꺼내 장신구를 붙이고 조명을 켜며 크리스마스를 기다렸던 설렘에 비하면, 정작 크리스마스 당일이 내게 준 설렘은 덜했다.

어릴 때 비슷한 경험을 했었다.

소풍을 갈 때면 며칠 전부터 설레, 잠자리에 드는 것이 어려웠다.

푹신한 이부자리에 누워 이불을 목까지 덮은 채 얼굴만 댕강 내놓고, 소풍을 생각하며 기대감에 한껏 빠지곤 했었다. 소풍을 기다리는 즐거움이 있었고, 즐거움은 소풍이 가까워져 올수록 커졌다.

하지만 어쩐 일인지, 소풍 자체는 기대만큼 설레거나 신나지 않았다. 물론 즐거웠지만, 소풍을 기다리며 커졌던 마음에 비할 바는 아니었다.

비단 소풍만이 아니었다. 운동회와 같은 다른 행사도 비슷했다. 행사 자체도 신나긴 했지만, 행사를 기다렸던 설렘에 비할 바는 아니었다.

여행도 그랬다.

여행을 결정하고 계획을 세우는 순간부터 설렘은 눈덩이처럼 불어나기 시작

했었다.

어디를 갈지, 무엇을 타고 갈지, 얼마나 머물지, 어디서 머물지, 무엇을 먹을지를 생각하고 계획하는 일은 내가 느낄 수 있는 최고의 즐거움 중 하나였다.

날짜와 장소가 확정되고 여행을 기다리는 맛은 일품이었다. 평범했던 보통의 일상이 즐거워졌고, 여행을 생각하며 활력을 느꼈다.

하지만 여행을 기다리며 불어났던 즐거움에 비해 여행의 즐거움은 짧았고, 아쉬웠다.

늘 여행을 마치고 집으로 돌아오는 길에는 아쉬움과 약간의 씁쓸함이 함께했었다.

12월 26일 아침.

일찍 일어나 어제 먹다 남은 케이크와 함께 마실 커피를 사러 가는 길.

불과 몇 시간 전까지 마음을 두근거리게 하던 캐럴과 따뜻함을 선사하던 조명이 사라진 길 위에서 볼이 시린 겨울바람을 맞는다.

크리스마스를 기다리며 무르익었던 12월의 즐거움은, 크리스마스에 온전히 모이지 못했다. 요란한 봉우리가 미처 만개하지 못하고, 봉우리째 떨어진 느낌이랄까.

커피를 사 집으로 돌아가는 길.

어쩌면 크리스마스가 주는 신남과 설렘이란 그 당일이 아니라 기다림 속에 있는 것일지도 모르겠다는 생각을 해 본다.

어린 날의 소풍이 그랬고, 젊은 날의 여행이 그랬듯 크리스마스의 진정한 재미는 기다리면서 알게 모르게 지나간 것이 아닐까 하는 생각을 해 본다.

많은 일이 그렇다.

여행은 말할 것도 없고, 일상에 새로움을 더해주는 대부분의 일이 일 자체의 즐거움뿐만 아니라 기다림의 즐거움까지도 선사한다. 그리고 종종 기다림의 즐거움은 일 자체의 즐거움보다 크다. 오늘의 크리스마스처럼.

볼에 닿는 차가움을 뒤로 하고 고소한 아메리카노를 들이킨다.

크리스마스가 즐거운 이유는, 크리스마스를 기다리는 일이 즐겁기 때문이다.

우리 세상에 일어나는 어떤 기분 좋은 일들은, 그 일을 기다릴 때 더 기분이 좋을 수도 있다.

무언가를 기다리고 누군가를 기다리는 일은 그래서 크나큰 즐거움이 될 수가 있는 것이다.

28번째 크리스마스가 내게 알려준 삶의 이면이다.

어설프게 어른이 되었다

콤플렉스는 정면으로 마주할 때 까지만 콤플렉스다.

다른 사람에게 절대 알리고 싶지 않은 콤플렉스나 상처가 있다. 왜 그런 콤플렉스가 생겼는지, 그게 정말 상처를 받을 만한 상황이었는지에 대한 고민에 앞서, 일단은 무작정 숨기고 싶은 이야기들이다. 누군가 알게 된다면 내가 나를 잃을 것 같고, 스스로가 너무나 작은 존재가 되어버릴 것만 같아 누군가 묻기 전 내 쪽에서 먼저 접근을 쳐낼 수밖에 없는, 그런 이야기들이 있다.

아버지의 빈 자리가 그랬다. 눈 내리던 어느 겨울, 아버지가 우리 가족의 곁을 떠나셨다. 나는 담임 선생님께 양해를 구하여 아버지의 부고로 결석한다는 사실을 친구들이 모르게 해 달라고 했다. 숨기고 싶었다. 왜냐고 물어온다면 지금도 논리적으로 설득할 자신이 없지만, 그 당시에는 숨기고 싶었다. 그때부터 꼬박 15년 이상을 그래왔다. 누군가와 대화를 나누다 아버지 얘기가 나올 때면 내 쪽에서 먼저 화제를 돌렸다. 아마 눈치 빠른 이들은 벌써 알아차렸으리라.

그 기간 동안 아버지의 부재가 주는 콤플렉스와 상처는 강화됐다. 아버지가 일찍 돌아가셨다는 표면적 사건 뒤에 숨겨진 몇 가지 의미들이 또 다른 콤플렉스와 상처가 돼 내게 박혔다. 그건 때론 열등감으로 때론 낮은 자존감으로 그리고 때로는 자격지심으로 나타났었다. 물론 내색하지 않았고, 누군가와 허심탄회하게 이야기하지도 않앉다. 심지어 가족에게도 숨기려 노력했었다. 그땐 그래야만 할 것 같았다. 나는 겉으론 아닌 척하면서도, 속으론 상처를 어루만지며 나만의 성을 지었다.

시간이 흘러 그 콤플렉스와 상처도 나를 설명하는 데 필요한 요소가 됐다. 나라는 사람의 생각과 행동을 이해하는 데 꼭 필요한 요소가 된 것이다. 더 많은 사람과 관계를 형성하고 더 많은 자리에 놓임으로써, 나를 명확히 설명하고 이해시켜야만 하는 상황이 늘어 갔다. 그리고 언젠가 더 이상 내 콤플렉스나 상처를 언급하지 않고는 나를 설명하는 일이 불가능하고, 그게 불가능해진다면 함께하고 싶은 누군가를 놓칠 수도 있다는 걸 알게 됐다. 더 고차원적인 인간관계를 형성하고 더 나은 삶을 위해서는 진실한 나의 모습을 보여야 했고, 그러기 위해선 내 깊은 곳에 숨겨진 이야기를 꺼낼 수밖에 없었다.

함께하고 싶은 이와 크게 다툰 날. 어쩌면 더 이상의 관계 진전이 어려울 수도 있다는 게 피부에 느껴진 날. 이 사람과 헤어지는 일을 상상할 수 있는가라는 질문에, 속으로 연신 고개만 저었던 날. 나는 나를 오롯이 설명해야만 했다. 늘 멋지고 바람직한 모습만을 보여주고 싶었지만, 그날 그 순간만큼은 삐뚤어지고 구겨진 내 솔직한 생각과 마음까지도 털어 내야만 했다. 차마 눈을 마주치고는 전할 용기가 없어, 땅에 두 눈을 고정한 채 누구에게도 쉽게 꺼내지 못했던 이야기를 시작했다. 내 손때만 새카맣게 묻은 상처에 대한 이야기. 정리가 되지도 않은 날 것 그대로의 이야기가 이 관계를 지켜줄 것이라는 판단은 없었다. 다만 그래야 한다고 느끼고 있을 뿐이었다.

너무도 못난 내 모습, 하지만 어쩔 수 없이도 나를 구성하는 핵심 요소인 그 모습을 토해 냈다. 자격지심, 열등감, 낮은 자존감 그리고 그걸 숨기기 위해 했던 나의 구차한 노력까지도 깨끗하게 털어 냈다. 내가 원하는 내가 되기 위해선 반드시 숨겨야만 한다고 생각했던 내 그림자들과 부풀려진 말들 뒤에 꼭꼭 숨겨두었던 두려움과 조바심을 전했다. 눈은 여전히 땅을 보고 있었고, 나는 마치 독백을 하고 있는 것 같았다.

후련했다. 누군가 알아차릴까 혼자 끙끙거렸던 그 장고의 시간이 무색할 만큼, 시원했다. 못난 생각을 뱉어 냈지만 내가 정말 못났다는 일차원적인 생각이 들기보다는 내게 너무나 높아 보였던 솔직함이라는 벽을 허물어낸 것 같아, 오히려 뭔가 달성한 느낌이었다. 이제야 솔직한 나를 드러냈다. 모난 곳을 가리기 위해 부지런히 분칠을 하던 나를 밀어내고, 날 것 그대로의 모습으로 실오라기 하나 걸치지 않고 섰다. 내게 덕지덕지 붙어 있는 콤플렉스와 상처를 하나도 숨기지 않은 채로.

그녀는 내 손을 잡아 주는 것으로 대답을 대신했다. 이유 있는 침묵과 의미 있는 적막이 이어졌다. 그 이유가 무엇이었든 나는 가장 숨기고 싶은 나의 모습과 정면으로 마주했다. 어릴 적 내 몸에 뿌리를 내린 녀석들이었다. 그들과 마주 섰을 때, 그건 내가 숨겨야 할 추함이 아니라 내가 끌어안아야 할 삶의 일부라는 걸 알았다. 그건 더 이상의 콤플렉스와 상처가 아닌, 진실과 진심이 됐다. 그리고 진실과 진심으로 나를 보였을 때, 함께하고 싶은 이의 손을 다시 잡을 수 있었다. 나는 또 하나의 장막을 넘어 한 계단을 오른 느낌이다.

어쩌면 콤플렉스와 상처는 내가 묵히고 숨길 때까지만 콤플렉스와 상처일지도 모르겠다. 콤플렉스와 상처는 정면으로 마주하게 될 때 비로소 허물어지고 치유된다.

48

가을 감기.

(브라질에서)

내 기억 속에 나는 계절이 바뀔 때면 항상 감기를 앓았다. 더움과 추움이 공존하는 시기를 나는 항상 감기로써 맞았고, 어머니는 골골거리고 콜록거리는 나를 보며 정말 가을이 왔음을 알아차리곤 하셨다.

이 시기에 찾아오는 감기는 연례행사처럼 한번을 빠지지 않았던 것 같다. 어느 천장을 보고 잠이 들던, 어느 물을 마시고 있든지 간에 항상 명절처럼 찾아왔다. 올해도 역시나 예외는 없다. 브라질은 한국과 기후가 반대인지라, 4월에 가을이 왔다는 사실만 제외한다면, 예전처럼 똑같이 감기에 걸렸다.
몸이 먼저 계절의 변화에 반응했다. 목요일부터 조금씩 아프기 시작해서 오늘까지 골골거리고 있다. 한국에서 가져온 약을 먹었지만, 쉽게 나아질 기미가 보이지 않았다. 어제 하루를 꼬박 집에서 잠만 자니 이제야 좀 상태가 나아지고 있다.

챙겨주는 사람이 없는 상황에서 아프면 가장 곤욕인 게 '밥'이다. 아프니 약을 먹어야 하는데, 약은 빈속에 먹을 수 없어 밥을 먹어야 한다. 그나마 집에 음식이라도 있으면 다행이지, 냉장고를 열었을 때 우유나 달걀만 덩그러니 놓여 있으면 참 서러워진다. 어른들 말처럼 집 나가서 아프면 서럽다. 하나더 덧붙이자면, 집 나가서 아픈데, 먹을 것도 없으면 정말 서럽다.

열이 다시 올라 새벽에 잠에서 깼다. 옷을 주섬주섬 챙겨 입고, 물을 한 컵마시고 다시 누웠다. 잠이 오지 않아, 핸드폰을 집어 들었다. 사진첩에서 한국 사진을 보는데 뭐가 이렇게 애틋하고 그리운지…. 한 장 한 장 넘길 때마다 꼬리에 꼬리를 무는 추억들에 울다가 웃었다.

아침에 일어났는데, 엄마한테 카톡이 와 있었다.
"엄마는 열심히 사는 아들도 좋지만 건강한 아들이 더 좋다."
걱정하실 것 같아 숨기려 했지만, 통화 중 막을 수 없었던 기침 소리에 어머니는 본능적으로 알아채신 것 같았다. 하긴 그동안 얼마나 많은 시기를 함께했고, 추워질 때마다 감기에 걸리는 나를 항상 돌보신 게 어머니인데, 어찌 알량한 노력으로 숨길 수 있을까.
친구 한 놈이 영어 공부를 하다, 브라질 관련 지문이 나와 내가 생각났다고 말해, 오랜만에 친구들이 모여 있는 채팅방에 빨간 점이 찍혀 있었다. 감기에 걸려 죽다 살아났다고 말하니 아픈 게 어울리지 않는다며 얼른 나으라고 한다. 익숙한 따뜻함이다.

여름과 가을 사이에서 나는 항상 이런 방식으로 주변 사람들의 소중함을 배워왔던 것 같다. 그게 올해는 조금 이른 4월에 찾아왔다. 아픈 게 좋지는 않지만, 이런 점에서 가끔 아픈 것도 그렇게 나쁘지는 않은 것 같다.

어설프게 어른이 되었다

49

후회할 걸 뻔히 알면서도 하게 되는 일이 있다.

뻔히 후회할 걸 알면서도 하게 되는 일들이 있다. 전혀 생산적이지도 않고, 논리적이지도 않으며, 긍정적이지도 않다는 걸 누구보다 잘 알면서도 어쩔 수 없이 하게 되는 일들이 있다. 하지 않으면 배길 수가 없어, 내가 나를 갉아먹는 심정으로 하게 되는 일들. 감정, 신념, 무기력 같은 불가항력적 힘에 지배받을 때, 나를 통제하는 이성과 세상을 바라보는 차가운 논리는 풍전등화에 지나지 않게 된다. 이 순간이 지나면 내 깊은 곳 어딘가에서 후회가 물밀 듯이 밀려와 깊은 한숨으로 이어진다는 걸 너무나 잘 알면서도 일단은 저지르게 되는 것이다.

나는 어려서부터 아토피를 앓아왔다. 성인이 되고는 그 정도가 덜해졌지만, 그렇다고 완전히 사라진 것은 아니었다. 날이 더워지거나 스트레스를 받을 때면 차츰차츰 모습을 드러냈고, 가려움을 몰고 왔다. 가끔 심해질 때면 피부과에 가 스테로이드를 처방받았다. 연고를 바르고 하루 이틀 정도 지나면 불그스름한 점들은 금세 사라졌고, 가렵지도 않았다. 하지만 나는 그것이 근본적인 해결책이 아님을 잘 알고 있다. 해결책은 단순하다. 상태가 나아졌을 때 더 이상 긁지 않으면 된다. 가끔 가려워져도 그 순간을 잘 견디면 아토피가 다시 올라올 일은 없었다. 허나 그걸 너무나 잘 알지만, 더위와 짜증이 함께 몰려올 때면 나는 벅벅 소리를 내며 목이나 팔을 긁었다. 또다시 아토피가 도져 고

생할 것임을 누구보다 잘 알면서도 일단은 긁었다. 그 순간만큼은 나는 전혀 논리적이지도 긍정적이지도 이성적이지도 않았다. 후회할 걸 알면서도 긁고, 연고를 바르고 다시 후회하는 것의 반복이었다.

샤워를 하고 나와 연고를 바르다, 문득 이것은 비단 아토피만의 이야기는 아니라는 생각이 들었다. 후회할 걸 알면서도 순간의 가려움을 이기지 못해 긁고 후회하는 일들은 여러 곳에서 일어나고 있었다. 가장 먼저 생각할 수 있는 흔한 예가 전 애인에게 연락을 하는 것이 지 않을까 싶다. 이미 끝나 버린 관계이며 어떠한 희망과 가능성도 찾을 수 없다는 걸 잘 알면서도 순간의 그리움과 외로움을 이기지 못하고 이윽고 핸드폰을 집어 든다. 그리고는 어둑한 밤 절대로 보내서는 안 될 그 말을 보내게 되는 것이다. "자니?", "잘 지냈어?" 그 순간 나를 지배하는 감정이 가시게 된다면 분명 후회할 걸 알면서도 내 멋대로 움직이는 손가락을 막을 수가 없다. 막상 어떻게 대화를 이어 나갈지 계획도 없고, 어쩌면 답장을 마주할 용기도 없다는 걸 뻔히 알면서도 그냥 보내는 것이다. 뒤늦게 찾아올 후회는 미래의 내 몫이다.

사랑하는 사람에게 화를 내고 후회하는 것도 비슷한 맥락이지 않을까 싶다. 특히 부모에게 순간적으로 몰려오는 짜증을 막지 못하고 던져 버린 뒤 후회하는 일은 딱 아토피가 가려워 긁고 후회하는 일과 같다. 내가 엄마를 사랑한다는 건 자명한 사실이다. 하지만 가끔 그 사실과는 별개로 짜증이 밀려올 때가 있다. 더 편리한 방법이 있음에도 굳이 옛날 방법을 고수하여 불편함을 자처하시거나, 이미 쓸모가 없어진 옛날 정보에 천착하여 새로운 정보를 받아들이려고 하지 않으실 때 갈등은 두드러진다. 몇 번이고 설명하다가 도무지 나아갈 수 없는 벽을 마주할 때 나도 모르게 짜증이 올라온다. 후회할 걸 뻔히 알면서도 퉁명스럽게 말하고 나쁜 기분을 표한다. 그렇게 짜증을 내고 돌아서서는 금세 후회하기 시작한다. 폭포처럼 밀려오는 미안한 마음을 달래기 어렵다. 조금만 더 여유를 가지고 생각했다면 그러지 않았을 텐데. 하지만 얼마 지나지 않아, 다시 엄마와 대립각을 세우는 나를 보게 된다. 가려워지면 긁고 후회하고 연고를 바르고, 그리고 다시 긁는 것을 반복하는 것과 같다.

인간이 만물의 영장으로 자리매김하는 데 좌뇌에서 발현되는 이성과 논리의 힘이 컸음을 의심하는 이는 없을 것이다. 현대 문명을 받들고 있는 두 축 수학과 과학은 이성의 집대성으로, 인간이 세상에 영향력을 행사하는 데 크게 기여했다. 하지만 그 영광스러운 이성의 인류사에도 불구하고 우리는 여전히 비이성적이고 비상식적이며 충동적일 때가 있다. 곧 후회할 것도 알고 있고, 본인에게 전혀 도움이 되지 않는다는 것도 알면서 무언가에 홀린 듯 하게 되는 일이 있는 것이다. 모르긴 몰라도, 아주 차가운 이성적 능력을 발휘하여 인류 발전에 혁혁한 공을 세운 누군가도 분명 돌아서서 후회하는 일이 있었을 것이다. 아니 적어도 인간이라면 아주 많았을 것이다.

인간이기 때문에 후회할 걸 알면서도 저지르고 다시 반성하는 일련의 과정을 반복한다. 삶을 영유하는 데 치명적이지 않은 수준에서는 아무리 칼 같은 이성과 논리를 보유한 사람도 저지르는 소소한 일들이 있는 것이다. (뭐 소소하지 않은 일일 수도 있겠으나, 이 경우에는 사회적으로 문제가 될 수도 있을 것이다.) 정말 그런 빈틈 하나 허용하지 않는 존재란 아마도 우리가 영화에서나 볼 수 있는 그런 사이코패스들이지 않을까 싶다.

주말을 바쁘게 보내 생산적인 한 주를 만들겠다고 다짐을 해도, 침대에서 몸을 떼어 내는 게 어렵다. 이렇게 시간을 보내면 해가 질 때쯤 분명 후회가 밀려올 것을 잘 알지만, 일단은 침대에 몸을 맡기고, 유튜브에 내 시간을 허한다. 이 반복되는 주말이 후회되면서도 끊을 수 없는 이유는 어쩌면 내가 아주아주 인간적인 존재여서일 수도 있다.

이 어쩔 수 없는 행동을 생각하며, 다른 사람들의 어쩔 수 없음을 생각한다. 누군가의 답답한 행동을 그저 손가락질하며 비난했던 나를 생각한다. 큰 그림을 그리지 못하고 충동적이며 게으르다고 누군가를 손가락질했던 나의 손가락이 부끄럽다. 매번 집 청소를 하며, 이제 옷은 항상 잘 정리해서 옷걸이에 걸어 둬야지 다짐하면서도, 귀가 후 항상 의자나 책상 위에 던져 놓는 내가, 다음날이면 후회할 걸 알면서도 순간의 배고픔을 참지 못해 늦은 밤 치킨을 또 시키고 있는 내가, 과연 누군가의 어쩔 수 없는 행동을 함부로 말할 수 있을까. 그도 나도 결국 사람일 뿐일 것을.

그러니 누군가의 비생산적인 활동을 손가락질하기 전, 내가 손가락질하는 존재가 로봇인지 인간인지 먼저 생각하자. 적어도 그가 눈이 두 개, 코가 하나인 인간이라면, 조금 더 너그러워져 보자. 내가 말하지 않아도, 그도 잘 알고 있다. 그게 생산적이지 않으며, 얼마 후면 후회한다는 것을. 하지만 어쩔 수 없이 그러고 있다는 것을.

게을러서가 아니고, 참을성이 없어서가 아니고, 큰 그림을 그리지 않아서가 아니고, 후회할 걸 몰라서가 아니고, 어리석어서가 아니다. 그냥 사람이라서 그런 거다.

그래도 우리 필요할 때는 또 기가 막히게 논리적이고 이성적일 수
있지 않은가? 그러니 조금은 너그러워져도 좋겠다.

사랑과 만남 사이에는
아무런 연관성이 없을 수도 있다.

이성 간의 만남은 사랑을 전제로 한다. 사랑 없는 관계는 짧게는 가능할지 모르나, 오래는 지속될 수 없다. 따라서 사랑을 전제로 이어진 만남에서 사랑이 이전과 다르거나 사라졌을 때, 그 만남은 시들시들해지며 멈춰 서게 된다. 인간이 가족이 아닌 누군가에게 좋아함 이상의 감정을 느낄 수 있으며, 그걸 '사랑'이라고 부른다는 걸 알게 된 후 내가 갖게 된 사랑과 만남의 개념이다.

나이를 먹으며 몇 번의 만남과 헤어짐을 겪었고, 나와 가깝게 지내는 이들의 만남과 헤어짐에 대해서도 자주 듣게 됐다. 한 번의 만남과 헤어짐의 사이클을 겪을 때마다, 주변 사람의 만남과 헤어짐 그리고 그사이에 자리한 '연애 고민'이라는 이름의 노닥거림을 들을 때마다, 사랑과 만남에 관한 내 관념에 의문을 던지게 됐다. 과연 만남의 전제는 사랑이고, 사랑이 결여된 만남은 거기서 멈춰 서는 것인가? 정말 사랑 없는 만남이란 상상하기 어려운 것인가. 그런 질문에 쉽사리 아니라고 말할 수 없는 날들이 이어진 것이다.

꽤 많은 사람이 여전히 사랑함에도 불구하고 헤어진다는 걸 알게 됐다. 사랑해서 떠난다는 말은 남녀의 만남을 퍽 자극적으로 표현하여 돈 벌기를 좋아하는 작자들의 창작물 그 이상도 이하도 아니라고 생각했는데, 그게 아니었다. 어쩌면 그들이 만드는 '막장'이라는 이름의 드라마는 '막장'이라는 이름의 현실을 그대로 반영한 것일지도 모르겠다.

만남을 지탱하는 기둥 중 하나가 사랑은 맞지만, 그게 전부는 아니다. 사랑이라는 감정이 표현될 수 있는 상황이나 조건 같은 것이 필요한 것이다. 사랑하는 마음을 온전히 지켜 줄 수 있는 최소한의 혹은 사람에 따라서는 최대한의 환경이 조성돼야 사랑할 수 있다.

쉬운 예로 드라마에서 많이 등장하는 상황이 있다. 부잣집 주인공의 부모가 막무가내로 자기 자식의 애인을 만나 호통을 치며, 하얀 봉투를 내민다. 이 돈을 줄 테니 헤어져달라는 말이다. 아주 어릴 땐 그 장면을 볼 때 봉투에 든 액수가 궁금했었고, 조금 더 크고 나서는 현실을 너무 과장해서 표현했다고 생각했었다. 그리고 그때보다 조금 더 자란 지금은 현실을 과장하긴 했지만, 없는 얘기는 아니라 생각하게 됐다. 생각보다 많은 커플이 결혼이라는 사랑의 연장이자 현실화에서 부모의 벽을 넘지 못한다. 특히 요즘처럼 두 사람의 힘만으론 전셋집 하나 얻는 것도 어려운 상황에서는, 경제적 도움을 줄 수 있는 부모의 반대는 넘기 어려울 장애물이 될 수 있다. 드라마처럼 직접 찾아가 흰 봉투를 내미는 상황은 상상하기 어려울 수 있지만, 다른 방법으로 자식의 애인이 싫음을 표현하는 건 많이 봐왔다. 대놓고 싫은 티를 낸다던가, 은근히 무시하는 상황이 있을 수 있다. 자신의 인생을 받쳐 애지중지 키운 자식이, 어떤 조건에서든 완벽한 사람을 만나길 바라는 마음은 이 세상 모든 부모의 마음일 것이다. 그러니 경제적 능력, 외모, 집안, 학벌 등 현대 사회에서 마패와 같이 작용하는 키워드들을 놓치고 싶지 않을 것이며, 만약 자식이 그것들이 결여된 상대와 결혼을 생각하는 상황이 펼쳐진다면, 부모로서 어떻게든 만남에 훼방을 놓고 싶은 마음이 솟구칠 것이다. 자식이 잘되길 바라는 마음으로 자식의 인생에 직접 개입한다는 측면에서 보면, 학창 시절 치맛바람과 유사하다.

현대 사회의 마패라고 표현한 몇 가지 키워드가 결여된 경우에는 꼭 부모까지 가지 않더라도 본인 스스로 만남에서 강제로 뛰어내리는 경우도 있다. 달리는 열차에서 강제로 뛰어내리는 것처럼 잘 나아가고 있던 만남에서 스스로 뛰어내리는 것이다. 직장인들이 자주 이용하는 플랫폼에 올라오는 글들을 보면 이해가 쉽다. 하루에도 수십 번씩, 이 사람과 계속 만나도 괜찮을까요? 혹은 결혼해도 괜찮을까요? 라는 제목의 글이 올라온다. 글의 내용은 대부분 비슷하다. 어떻게 만났고, 사랑하게 됐는데 어떤 부분이 결여돼 있기에 만남을 더 진전하는 것을 주저하게 된다고. 애초에 사랑이라는 감정을 스스로가 그렇게 재단할 수 있다면, 그게 정령 사랑의 그 감정이 맞던가 먼저 묻고 싶지만, 어쨌거나 그분들에게는 가능한 거 같으니 물을 필요는 없을 것 같다.

만남이 괜찮을까를 묻는 질문에 대해서는 보통 크게 두 입장이 있다. 그게 뭐가 대수냐고 말하며 만남의 지속을 장려하는 입장과 안타깝지만 끝내는 게 나을 것이라는 입장. 아마도 전자의 충고를 하는 사람들은 후자의 사람들을 속물적이라며 유난을 떨 것이고, 후자의 사람들은 전자의 사람들에게 현실감이 없다며 으스댈 것이다. 살아오며 경험한 바가 다르고 그에 따라 생긴 신념이 다르니 뭐가 더 낫다는 말은 할 수 없을 것 같다. 어떤 입장을 취할 것이냐는 본인의 선택이고, 책임만 지면 된다. 하지만 요즘 들어 꽤나 많은 사람이 강제로 뛰어내리는 것 같다. 특히 결혼은 현실이라는 말을 좋아하는 사람들이.

반대로 사랑을 전제로 만남이 시작됐지만, 사랑이 이전과 다르거나 혹은 완전히 사라졌음에도, 계속 이어지는 관계들이 있다. 헤어지는 일이 야기할 감정적 동요에 압도당했을 때 그러하다.

어떻게든 잡고 있는 이 만남의 끈을 놓는 순간 이별은 엄습할 것이고 그 이별은 아플 것이다. 미운 정이라는 모순적 이름으로 적과 이별하는 것도 슬픈데, 아무리 사랑이 이전과 달라졌다고 해도, 한때 인간 감정의 최고라 할 수 있는 사랑을 나눈 상대와 이별한다는 건 생각만 해도 눈물겨운 일이다. 그 슬픔이 너무 거대해 견딜 수 있을까 의심하게 되고 여기에 자신이 없을 때, 우리는 이 만남이 사랑의 추진력을 잃고 있다는 것을 알면서도 버틴다. 만남을 오래 지속한 커플들에게 일어나는 일로, 어쩔 땐 서로가 사랑이 시들시들한 시한부라는 걸 알면서도 애써 모른 척하며 누가 방아쇠를 당길지 눈치만 보는 비극이 펼쳐지기도 한다. 아마 이 소재가 연애 상담에 가장 많이 오르내리는 소재가 아닐까 싶다. 헤어지는 게 맞다는 걸 잘 알면서도, 감정을 떼어내는 게 어렵고 두려워 이러지도 저러지도 못하는.

애당초 사랑이 없는 관계이지만, 계속 지속되는 만남 또는 결혼도 있다. 아마도 많은 사람들이 종종 손가락질하지만, 개중 누군가는 분명 부러워하는 만남이 이에 속할 수 있다. 조건을 앞세워 주선된 만남, 이를테면 결혼 정보 회사 같은 곳에서 주선해준 만남이 이에 해당할 수 있을 것이다. 이성과 관계를 형성할 때 가장 중점적으로 고려하는 특징이 명확한 경우, 사랑이 없어도 만남은 종종 지속된다. 현대 사회에서는 주로 돈이나 권력, 집안 같은 특징들이 두드러진다. 일단 돈이 많으면 만날 수 있고, 권위 있는 집안 출신이면 일단 그 표현이 갖는 의미와 상관없이 애인이라 부를 수 있는 것이다. 이후 함께 시간을 보내다 사랑 비스무레한 감정이 서로에게 찾아오면 좋은 것이고, 아니면 뭐 어쩔 수 없는 것이다. 생각보다 이와 같은 만남을 선호하는 사람이 많다. 겉으로는 이들을 속물적이라 욕하면서도 뒤로는 이를 내심 부러워하는 사람들 역시 많다. 이와 같은 사람의 수가 많아지고 이들이 찾는 결혼정보회사의 수가 많아진다는 점에서, 이 형태로 맺어진 만남이나 결혼도 그 권위와 정당성을 인정해줘야 할 것 같다. 워낙에 먹고 살기 힘든 세상이니깐.

이외에도 사랑해서 결혼했으나, 이제는 사랑은 없고 그간의 정과 둘 사이 자식 때문에 이어지는 관계도 있고, 서로 사랑하는 사이지만, 한 사람이 비혼주의자이고 상대는 결혼을 원해 헤어지는 예도 있을 수 있다. 상식 수준에서는 상상할 수 없는 이유로 이어지고 있는 관계가 있을 수 있고, 충격적인 이유에서 헤어질 수밖에 없는 상황이 있을 수도 있다. 그러니깐 꼭 사랑해서 만나는 건 아니고, 사랑이 없어졌다고 헤어지는 것도 아니다. 반대로 사랑이 없으면 만남이 이어지지 못하는 것도 아니고, 사랑이 아예 없어도 결혼까지 할 수도 있는 일이다.

사랑과 만남이라는 개념을 처음 배운 이후, 이 개념은 끊임없이 변해왔다. 직간접적으로 하나의 사건을 겪을 때마다, 이렇게 저렇게 바뀌어 왔다. 아마 눈 감는 순간까지 세상을 보는 시선이 바뀌듯 사랑과 만남 그리고 결혼을 바라보는 나의 시선도 시시각각 바뀔 것이다.
지금까지의 시간을 살아온 내가 갖는 관념이란, 사랑한다고 계속 만날 수 있는 것은 아니며, 그렇다고 사랑이 없다고 해서 못 만나는 것도 아니라는 생각이다.

사랑의 정의에 대해선 분명 다양한 의견이 있을 수 있지만, 이것이 인류를 지탱해온 가장 핵심적 감정이었으며, 문화와 예술을 관통하는 인간 감정의 정수라는 데는 큰 이견이 없을 것이다. 하지만 무형의 사랑이 유형의 세상에 닿을 때, 사랑은 감정 그 이상의 무언가가 된다. 로미오와 줄리엣이 이미 잘 보여줬듯이, 인간 세상에서 사랑하기 위해선, 사랑 이외에 것들이 필요하다. 오롯하게 사랑을 붙잡아 둘 수 있는 환경이 필요하다는 말이다. 그 환경이란 시대마다 조금씩 달라질 수 있지만, 어쨌거나 의식주를 해결하지 못하면 살 수 없는 인간의 태생적 제약이 해결되지 않는 이상, 환경은 사랑을 논할 때 꼭 필요할 것이다. 그러니 사랑해도 더 이상 만날 수 없는 상황도 일어나고, 사랑 없이도 만날 수 있는 상황도 펼쳐지는 것이다. 무엇이 옳고 나쁘다는 형식의 가치 판단을 하고 싶진 않다. 다만 그 제약이 가끔 씁쓸할 때가 있을 뿐이다.

사랑하면 함께한다. 이 명제는 틀렸다. 사랑하면 함께할 수도 있고, 아닐 수도 있다. 또 사랑하지 않아도 함께할 수도 있고, 아닐 수도 있다.

51

삶은 죽음 다음에 와야 완연할 수 있다.

죽음은 좋든 싫든 피할 수 없는 운명이다.

지구에 발 딛고 사는 모든 사람은 죽는다.

이전에 지구에 살았던 모든 사람은 죽었고,

오늘날 지구에 살고 있는 모든 사람은 언젠가 죽을 것이며,

지구에 살아갈 미래의 모든 사람들도 어느 순간 모두 죽을 것이다.

개인의 환경적 차이와 운 때문에 죽음을 맞는 방식과 죽음을 맞기 전까지 허락된 삶의 기간은 모두 다르지만, 어쨌거나 모두 다 죽는다는 건 부정할 수 없는 공통점이다.

우리는 언제 어디서 어떻게 죽을지 모른다.

누구도 예상하지 못한 순간에 삶은 끝날 수도 있다.

그게 당장 내일이 될 수도 있고, 불과 몇 시간 뒤의 일일 수도 있다.

죽음은 그렇게 피할 수도 없고 예측할 수도 없이 찾아온다.

죽음이라는 지울 수 없는 전제 앞에서 삶은 펼쳐진다. 결국은 죽음으로 종결될 이야기가 우리의 인생이다.

그렇다면 나는 그 죽음 앞에서 어떤 삶의 태도를 취할 것인가. 유한한 삶을 어떻게 채워갈 것인가.

어떻게 살아야, 설령 당장 내일 죽음이 찾아온다고 해도 후회하지 않고 눈 감을 수 있을까.

삶에 진지하게 임하는 이들이 생애를 설계할 때 반드시 고려해야 할 부분은

죽음이다. 언제 찍힐지 모르는 이 삶의 마침표를 유의하며 삶을 기획해야 한다. 내가 지금 하고 있는 일, 내가 가진 열망, 내가 살아가고 싶은 인생 이 모든 것이 죽음이라는 운명 앞에서도 수긍할 만한 것들인가. 내가 임하고 있는 삶이 어느 순간 끝났을 때, 나는 후회 없이 최후를 맞이할 수 있을까.

나는 어떻게 살 것인가의 고민은 나는 어떻게 죽음을 맞이할 것인가와 맞닿아 있다. 어쨌든 내게도 찾아올 죽음 앞에서, 나는 나의 여남은 인생을 설계한다. 최대한 후회를 남기지 않는 인생을 살고 싶다.

눈 감는 날,
그게 언제인지는 절대 알 수 없어도,
제법 살 만한 인생이었다고 생각하길 바란다.

52

비움이 어쩌면 채움이자 완성일 수도 있다.

많이 먹고 많이 운동하자는 주의였다.

어려서부터 말랐다는 말을 귀에 딱지가 앉게 들어서인지, 항상 큰 몸에 대한 동경 같은 게 있었고, 그런 몸을 얻기 위해선 최대한 많이 먹고 최대한 많이 운동해야 한다고 생각했다. 그리고 그게 곧 건강이라고 생각도 했었다.

그래서 열심히 먹고, 열심히 들었다 놨다.

2년 전부터 본격적으로 체중을 늘리기 시작했다. 몸무게 앞자리가 바뀌었다. 키에서 몸무게를 뺀 수치가 드디어 100을 깨고 그 아래로 떨어지자 탄력이 붙었는지 몸은 더 빠르게 커지기 시작했다. 지방과 근육이 함께 늘었다.

그게 좋아서, 다시 열심히 먹었다. 그리고 더 열심히 들었다 놨다.

턱 선은 무뎌지고 얼굴은 점점 원이 돼 갔지만, 옷을 꽉 채우는 그 느낌이 좋았다.

그러다 평소 원하던 회사의 면접을 보게 됐다.

분석력을 필요로 하는 자리로 날카롭고 차가운 이미지가 요구됐다.

운동을 마치고 나오다 거울을 봤다. 외관상 나는 이미 탈락이었다.

예상 질문을 뽑아 면접을 준비하며, 덜 먹고 더 운동했다.

그러다 지쳐서 그냥 덜 먹는 데 집중했다.

키에서 몸무게를 뺀 수치가 100을 다시 넘어서, 가슴 근육을 잃고 턱 선을 찾았을 때 면접을 봤다. 면접을 보러 가던 날 거울에 비친 나는 제법 날렵해 보였다.

단기간에 살을 빼느냐, 도통 먹지 않았더니 먹는 양이 줄었다.

저녁의 경우에는 누군가와 약속이 있는 경우가 아니라면, 그냥 영양소만 채운다.

좋은 거 많이 먹고 많이 운동하는 것을 건강으로 여겼으나, 지금은 그 생각마저도 줄어든 위에서 소화된 것 같다.

분명 근육도 많이 빠졌다. 이전에 비해 몸도 작아졌다.

그런데 더 건강해진 느낌이다. 몸이 훨씬 가벼워졌고, 머리가 맑다. 이전에 내가 추구하던 '건강'과는 다른 느낌의 '건강'이다. 이전의 건강이 외관상의 건강이었다면, 지금의 건강은 내적인 건강이랄까.

오히려 비우니 가벼워졌고, 맑아졌다. 그리고 편안해졌다. 억지로 이것저것 채워 넣어 부피를 불리던 이전과는 전혀 다른 느낌이다. 채우려고 애쓸 땐 느끼지 못했던 채움을 결국 비움으로써 얻은 느낌이다.

체중과 근육뿐만 아니라 참 많은 것들을 채워 넣으려 아등바등 애를 썼다. 틈이 없으면 비집고 들어가 하나를 더 채워야만 만족했다. 하지만 늘 하나가 부족한 느낌이었다. 그 부족함을 채우기 위해 또 꾸역꾸역 무언가를 밀어 넣었다.

내가 채우지 못했던 그 부족함이 결국은 '비움'이었던 게 아닌가 싶다. 삶의 완성과 편안함은 더 채우는 데 있는 것이 아니라 비우는 데 있는 것이 아닐까.

비록 면접에는 탈락했지만, 그 덕분에 새로운 채움을 알아냈다.

거울 앞에 서서, 왜소해진 나를 본다. 거울 앞에 서서, 가득 채워진 나를 본다.

53

네이마르를 옹호한다.

(2019년 코파아메리카 결승을 보며)

"난 슈퍼 히어로도 아니고 완벽한 우상도 아닙니다."

2019년 브라질에서 치러진 코파 아메리카에서, 부상 때문에 조국의 우승을 필드가 아닌 관중석에서 지켜본 브라질 축구 스타 네이마르가 한 말이다. 바르셀로나에서 메시, 수아레즈와 함께 세계 최고의 공격 편대 'MSN'의 N 을 담당하던 그가 메시의 그림자에서 벗어나, 자신의 성을 짓기 위해 스페인을 떠난 지 2년 만에 한 말이다. 3,000억에 달하는 전대미문의 이적료를 기록하며, 기세등등하게 파리에 입성했던 그는 분명 슈퍼 히어로였고, 브라질 빈민가에서 맨발로 공을 차던 아이의 완벽한 우상이었다. 적어도 그는 그렇게 믿었을 것이고, 그렇게 되려 했을 것이다.

2017년 바르셀로나 홈구장 캄 노우.

파리생제르망과의 1차전 경기에서 4:0으로 패한 바르셀로나는 8강으로 가기 위해 5골 차 이상의 승리가 필요했고, 그 확률이 200분의 1이었다. 경기 종료를 2분 남긴 상황, 3골이 필요했던 바르셀로나에게 기적이 필요했다. 그리고 그 기적은 네이마르의 발끝에서 이뤄졌다. 그 짧은 시간에 두 골과 한 개의 어시스트를 기록한 그는, 바르셀로나를 위기에서 구해 내며 8강행을 이끌었다. 하지만 그 엄청난 활약에도 불구하고, 스포트라이트는 팀의 주장이자 현 축구의 최강자 메시에게 오히려 집중됐다. 아마도 그는 그때 느꼈을지도 모른다. 자신의 아성에서 스스로 빛날 때임을.

아이러니하게도 그는 그가 기적으로 물리쳤던 파리로 이적했다. 메시와 호날두를 이을 가장 확실한 선수라 평을 받던 그에게, 파리의 하늘은 눈부시게 맑았을 것이다. 하지만 두 번의 골절과 연이은 챔피언스리그 탈락은 먹구름을 드리우기에 충분했고, 어쩌면 잔인하게도 기대와 다른 자신의 현재를 파악하기에도 충분했는지 모른다. 호기롭게 스페인을 떠나던 25살의 브라질 청년에게 파리에서의 슈퍼히어로는 닿을 수 없는 과녁이었을까.

그는 바르셀로나로 복귀를 희망한다. 2인자로서의 찬사가 아닌 1인자로서의 찬사와 영광을 좇아 제 발로 걸어 나왔던 그곳으로 다시 돌아가려 한다. 그것도 간절히.

많은 사람이 그의 변덕 아닌 변덕과 만용을 비웃고 조롱한다. 그가 공으로 보여준 예술에 감탄했던 이들까지도 네이마르가 지으려 했던 성을 무시하고 있다. 마치 그가 좇았던 목표들과 매 순간들에 흘린 노력과 용기까지도 공염불이었던 것처럼.

하지만 누가 그를 진정으로 비난할 수 있단 말인가. 한 인간이 꿈꾼 세상과 원대한 도전을 누가 비난할 수 있는가. 설령 그의 도전이 결국은 아쉬움만을 남겼을지라도, 도전이라는 단어에 단 한 번이라도 가슴이 설렜던 사람이라면, 그 아쉬움마저 값지다는 걸 알기에 그를 우롱하지 못할 것이다. 네이마르는 그저 도전했을 뿐이다. 그에게 죄가 있다면 그저 원대한 꿈을 꾼 죄밖에 없을 것이다.

나는 그를 응원하고 존경한다. 세계를 들어다 났다 하는 축구선수로서가 아니라, 도전을 두려워하지 않는 젊은이로서 응원하고, 자신의 한계와 낙담을 스스로 인정했다는 점에서 존경한다.

당신도 알지 않는가. 편안한 곳을 떠나 도전하는 일 그리고 나의 한계를 받아들이는 일이 얼마나 어려운 일인지. 그러니 그를 너무 비난하지는 말자.

비록 바르셀로나로 돌아가는 데 실패했지만, 파리에서 다시금 도약을 준비하고 있는 그를 나는 응원한다. 용기를 가지고 도전을 한 젊음이 대 젊은이로서 존경하고 응원한다.

말과 행동으로 의도치 않게 상처를 주고 받는다.

같은 표현도 말하는 사람과 듣는 사람 그리고 배경이나 상황과 같은 요소에 의해 다르게 이해될 수 있다. 내 입에서 뱉어진 말과 내가 보인 행동이 몇 가지 맥락을 거쳐 상대에게 인식될 때, 말과 행동은 휘어지고 빗나가서 의도와는 다르게 받아들여질 수 있다. 가령 나는 환하게 뜬 보름달을 가리키며, 그저 보름달이라고 말했을 때, 누군가는 내가 가리키고 있는 대상이 아닌 내 손가락에 집중할 수도 있고, 누군가는 그 보름달을 좋아했던 전 여자친구를 떠올릴 수도 있고, 별명이 보름달인 누군가는 자신을 놀리는 것으로 받아들일 수도 있다.

하지만 말과 행동이 상대에게 의도와 다르게 전달됐다는 것을 알아채는 일은 어렵다. 특히 쿨한 것이 멋진 것이라는 인식이 깊게 자리 잡은 한국 사회에서, 청자가 화자에게 다시금 물어 진위를 재차 확인하는 일은 기대하기 어렵다. 그래서 가끔 누군가의 말과 행동은 의도와 상관없이 듣는 이의 정곡을 찌르고, 이 사실을 알 길 없는 화자는 억울하게 가해자가 될 때가 있다. 본인도 모르는 사이 누군가에게 상처를 주고, 의도하지 않았지만 누군가에게 미움을 살 수도 있는 것이다.

이따금씩 그간 왕래가 없었음에도 불구하고, 누군가와 나빠져 버린 관계 속에 있을 때가 있다. 내 기억 속에는 상대와 불화가 있었던 적이 없지만, 왠지 모르게 상대가 뚱해 있을 때가 있다. 대개 그런 경우 나

중에 알고 보면, 아무런 악의를 가지지 않고 했던 내 말과 행동이 상대의 기분을 헤친 경우가 많았다. 전혀 그런 의도로 공기 중에 던져진 말과 행동이 아님에도 불구하고, 몇 가지 맥락이 겹치면서 날카로워졌던 것이다.

언제나 언행을 조심하려 애쓰지만, 완벽할 수 없음을 잘 알고 있다. 나 역시 의도치 않은 상대의 말과 행동에 상처를 받을 때가 있으니, 의심의 여지도 없다. 그저 전달하는 입장과 전달받는 입장의 간극을 좁히기 위해 부단히 노력하고, 쉽게 상처받지 않으며, 가급적 표현을 아끼고 또 아낄 뿐이다.

가끔씩 이 미필적 고의에 의한 피해자들에게 사과해야 하는가 생각하게 된다. 제3자를 통해 나 때문에 누군가가 상처를 받았다는 말을 들었을 때, 나는 꼭 사과를 해야 하는 것일까. 내 의도는 그게 아니었다고, 미주알고주알 설명해야 하는가 고민한다. 하지만 그때의 상황으로 돌아가 모든 것을 일일이 설명하는 지난한 과정을 시작할 자신이 없고, 또 과연 그것이 가능한가에 대한 의문도 종식시킬 수 없어 그만둘 때가 많다. 더욱이 먹고 살기 바쁘고, 가까운 사람들과 감정적 교류를 하기에도 빠듯한 시간에 굳이 감정 소모를 하고 싶지 않은 것도 사실이다.

모르긴 몰라도 의도치 않게 상처를 주고받으며 멀어지는 관계들은 이 과정을 겪어 내고 있는 것이 아닐까 싶다. 삶이 바빠 둘 사이에 존재하는 오해를 굳이 해명하지 않은 채 관망하면서, 관계는 자연스레 멀어지고 결국에는 다시 손을 내밀기 겸연쩍은 거리까지 서로를 밀어

어설프게 어른이 되었다

내고 있는 것이 아닐까 싶다.

　나이를 먹으면서 아는 사람은 많아졌으나 되레 가깝게 지내는 사람의 수는 한정되어 간다. 의도하든 의도하지 않았든 이미 오해 때문에 불편해진 관계를 그저 흘러가게 둔 채, 내 말과 행동을 곡해 없이 받아들일 수 있는 사람과의 관계만 챙기게 된다.
　한때는 가깝게 지냈으나 어디서 생긴지 모르는 섭섭함 때문에 쉽게 연락을 할 수 없는 관계가 전화번호부에 늘면서, 나는 다시 한번 말과 행동을 조심하자 다짐하게 된다.

55

젊은 아버지의 편지를 읽는다.

측량 기사로 일하셨던 서른 살의 아버지는 밥벌이를 위해 사우디로 떠나셨었다.
종갓집 장남으로서 해묵은 의무감,
자신에게 평생을 약속한 한 여자,
아름다운 세상만을 선물하고 싶은 딸.
지키고 싶었던 것들 앞에서 그의 이름은 아버지였고, 그 무거운 이름은 책과 음악을 좋아하던 시골 청년을 모래처럼 삭막한 사우디로 보냈다.

그 2년여의 기록.
모래바람과 싸우던 나의 젊은 아버지가, 어린 딸을 데리고 종갓집에서 홀로 시집살이하던 나의 젊은 어머니에게 쓴 2년여의 편지.
그 아련한 기록들이 30년의 세월을 넘어, 아들에게 읽힌다.

자신의 무능을 탓하며, 부인과 딸에게 연신 미안한 마음을 내비치던 나의 아버지.
고향 집 앞을 가득 메운 아카시아 향이 그립다던 나의 아버지.
모든 편지의 끝을 사랑한다는 말로 마무리하던 나의 아버지.
그의 젊은 날의 고민과 정념 그리고 꿈과 사랑이 사우디에서 온 편지 위에 서려 있다.

세상을 하나 알수록 서너 개의 질문과 의심이 피어나는 이 시기에 사람은 참으로 그리워지고,

되고 싶은 나와 거울로 마주하는 나의 괴리는 심해져 간다.

그 난해함을 헤치고 젊은 아버지를 읽는다.

이 고민을, 이 불안을 그리고 이 사랑을 먼저 겪어간 친애하는 한 남자를 읽는다.

그의 젊은 날 위에, 나의 젊은 날을 적는다.

힘주어.

사우디에서 온 젊은 아버지의 편지를 읽으며.

56

'우리 애들'이라는 표현을 쓸 존재들이 사라졌다.

농구를 좋아하는 동네 형이 하나 있다. 한 살 터울의 형으로 초, 중, 고등학교를 함께 다녔는데, 사실 그 인연은 형과 나의 어머니로부터 시작된 인연이었다. 형의 어머니와 나의 어머니는 초, 중학교 동창으로 예순을 바라보는 지금까지도 우정을 이어가고 계신다. 두 분 덕분에 나는 어린 시절부터 형 그리고 형의 가족들과 막역하게 지냈고, 남자 형제가 없는 나는 형을 친형처럼 곧잘 따랐다.

형에게는 항상 모여 다니는 친구들이 있었다. 우리들 사이에서 꽤나 유명한, 쉽게 말해 소위 잘나간다는 형들이 형의 친구들이었는데, 나는 형과 친하다는 이유만으로 그 잘나갔던 형들과 괜찮은 관계를 유지할 수 있었다. 그것은 학창시절 내가 내세울 수 있었던 자랑거리 중 하나로 알게 모르게 많은 혜택을 누렸다.

형은 그때 그 친구들과 지금도 가깝게 지낸다. 종종 대화하다 형의 친구들 얘기가 나오면, 형은 늘 '우리'라는 표현으로 그들을 칭하곤 하는데, 그 모습이 참 편안해 보였다.

여기서 '우리'는 친구들과 본인을 한 공동체로 묶어 지칭하는 것으로, 항상 붙어다니는 막역한 존재들에 대한 애정을 가득 머금은 표현이라 할 수 있다. 주로 '애들'이라는 말과 함께 붙어, '우리 애들'이라는 표현으로 많이 쓰이는데, 오글거리면서도 다정한 표현이다.

하지만 내 경우엔, '우리 애들'이라는 표현을 쓰지 않는다. 아니, 쓸 대상이 없다. 따지고 보면, 중학교 교복을 벗은 이후에는 사용한 적이 없다. 딱 중학교 2학년에 찾아온 '중2병'을 앓던 그 시절 나는 '우리 애들'이라는 표현을 입에 달고 살았다. 나와 비슷한 시기를 지나고 있는 친구들과 운동부마냥 우르르 몰려다니며, 특별히 할 일은 없지만, 그래도 스스로를 특별한 존재라 믿었던 그때, 나는 내 주위에 항상 함께 하는 이들을 '우리 애들'이라 불렀었다. 그것은 정체성을 표현하는 하나의 방법이었고, 피아를 구분하는 일종의 표식 같은 것이었으며, 돋보이고 싶은 어린 마음이기도 했다.

하지만 나는 매일 '우리 애들'이라 부르던 친애하는 이들과 다른 고등학교에 진학했다. 비평준화 지역이었기 때문에 성적별로 고등학교에 진학했는데, 인문계 고등학교에 가게 되면서 친구들과 떨어지게 된 것이다. 익숙한 친구들과 헤어지고, 낯선 이들이 즐비한 새로운 환경에서 고등학교 교복을 입었다. 입학식부터 야간 자율학습을 시켰던 그곳에서 나는 적응의 동물인 인간답게 빠르게 적응해 갔는데, 이는 의도치 않게 '우리 애들'에서 내 스스로를 밀어내고 있는 과정이기도 했다.

새로운 교복에 익숙해진 어느 날, 내가 우리라 불렀던 그들과 어색하게 마주쳤던 바로 그날, 나는 그들을 더 이상 '우리'라는 말로 부를 수 없었다. 그들을 누군가에게 소개할 때면 언제나 먼저 튀어나왔던 그 표현으로는 더 이상 그들을 담아낼 수 없다는 걸 느꼈다. 나보다는 그들 옆에 선 낯선 이가 그들의 '우리'에 더 가까워 보였다. 나와 한때는 몰려다니던 그 친구들도 '우리 애들'이라는 호칭에 나를 가둘 수 없는 눈치였다. 고등학교에 진학한 이후 그들과 나는 각각 새롭게 알게 된 이들,

같은 교복을 입고 생활하던 이들과 더 많은 시간을 보내고 있었다.

하지만 이 말이 내가 새로운 '우리 애들'의 대상을 만들었다는 말은 아니다. 고등학교에 처음 들어와 함께 몰려다니던 친구들이 있긴 했지만, 수능이 가까워 오는 반면 성적은 생각만큼 오르지 않으면서 나는 이들에게 '우리 애들'이라는 말을 써 볼 겨를도 없이 다시 멀어졌다. 시간을 아끼려 활동 반경을 최대한 좁히면서, 물리적으로 아주 근접한 친구가 아닌 이상, 자주 만날 기회가 없었다. 그마저도 각자가 자기 살 길을 바삐 모색하다 보니, 한 공간에 있으면서도 그리 많은 것들을 공유하지 못했다.

그렇게 약 1년 정도의 시간이 지나 수능을 쳤고, 함께 공부하던 친구들은 전국 방방곡곡으로 흩어졌다. 간간이 연락을 하며 지냈지만, 몸이 멀어진 서로가 이전의 친밀함을 유지하는 것은 쉽지 않은 일이었다. 그건 몸이 멀어진 연인이 감정을 계속해서 유지하는 것만큼이나 어려운 일이었다.

대학에 입학하며 동기라는 새로운 표현으로 부를 존재들이 생겼다. 신입생이라는 특권을 누리며, MT나 농활(농촌 활동) 같은 색다른 경험을 하며 동기들과 꽤 많은 시간을 보냈다. 하지만 그 친밀감이라는 것이 고향에서 '우리'라는 표현으로 관계를 형성했던 친구들과의 그것과는 또 달랐다. 아니 돌이켜 보면 내가 그들의 '우리'에 포함될 수 없었던 것 같다. 수도권에서 온 친구들은 이미 나보다 가까운 기존의 익숙한 존재들이 있었고, 기숙사에 살지 않았던 나는 지방에서 올라온 친구들과도 그리 많은 시간을 공유하지 못했다. 그마저도 군대를 다녀오고 유학을 다녀오면서 과거의 어느 한 페이지 속으로 멸해 갔다.

어설프게 어른이 되었다

대학 생활을 하며 나는 다양한 활동들을 시작했고, 늘 누군가와 함께하였다. 좋은 사람도 많았고, 본받고 싶은 사람도 참 많았다. 하지만 그 어떤 집단 속의 사람을 만나도, 그 어떤 특징을 가진 사람을 만나 시간을 보내도, 그들을 '우리'라는 말로 부를 수가 없었다.

나이를 먹으면서 활동 반경은 점점 넓어졌다. 삶의 한 장면과 무대를 통과할 때마다 늘 새로운 사람을 만날 수 있었고, 아는 사람의 총수도 늘어만 갔다. 하지만 나에게 허락된 시간은 한정적이었다. 모든 사람과 원하는 만큼의 시간을 보낼 수 없었다. 애정의 양 역시 한정돼 있었다. 모든 이들에게 충분하게 나눠주기에 내 애정의 양은 제한적이었고, 애정을 주고 싶은 사람의 수는 야속하게도 많았다. 그렇게 새로운 인연을 만나고, 사람 속에 살고 있으면서도, 내게 '우리'라는 단어는 점점 더 묘연해졌다. 우리 애들이라는 말은 지칭하는 대상은 없고 과거의 흔적만 남은 채, 내게는 쓰이지 않는 말이 됐다.

언젠가 자식을 낳아 기르지 않는 이상, 아마도 나는 '우리 애들'이라는 표현을 쓰지 않을 것 같다. 쓰고 싶어도, 상황이 허락하지 않을 것이다. 인간 세상의 한 부분으로서 내게 주어진 책임과 특권을 다하는 어른으로 살아가려 했을 뿐인데, 나는 익숙했던 누군가로부터 계속해서 멀어져 갔다. 하지만 그 멀어진 거리만큼 누군가에게 가까워진 것이 아니었다. 그저 순간을 공유하는 정도 딱 그 정도로만 가까워지고 있었다. 그 과정 속에서 나는 어쩌면 '우리'라는 말로 표현하고 싶은 친구의 영역을 지워냈는지도 모른다. 세월을 함께한 이들과 원만한 관계를 유지하고 있지만, 그들 중 누구도 '우리'라는 지붕 안으로 들어갈 수는 없게 된 것이다.

57

애인의 전 애인들에게 감사한 마음을 가져라.

연인이라는 이름의 관계로 만나고 있는 사람. 그 사람에게 갖는 감정이 좋아
함이든 그 이상의 사랑이든,
그의 전 사람(ex) 이야기를 듣는 걸 좋아하는 사람은 없다. 나 이전에 연인이
라는 이름을 사용했던 누군가의 이야기를 듣는 것은 언제나 불편하다. 만약
그 누군가가 나보다 더 오랜 시간 연인이라는 관계에 있던 사람이라면 그 불
편함은 더욱 깊어진다.

가끔 커플들은 이 문제로 싸우기도 하는데,
몇 번을 같은 문제로 싸우고 화해하기를 반복해도,
항상 이전 연인의 이야기를 듣는 건 곤욕이다.
행여나 우연찮게 본 ex의 모습이 어떤 면에선 나보다 나아 보이기까지 한다면,
그건 곤욕 중 곤욕으로, 지금의 연인과 만나는 동안 늘 따라붙는 얼룩이 된다.

인간은 사건 사고를 겪으며 세상을 보는 자신만의 방법을 만들어낸다.
오늘 내가 이 세상을 보는 시야는 내가 겪은 모든 경험의 결과다.
연애도 마찬가지일 것이다. 오늘의 내 연애의 관점과 태도 그리고 이상형은
내가 겪어온 모든 연애들의 합이고, 나를 거쳐간 ex들의 흔적이다.

몇 번의 만남과 이별 그리고 그사이의 애매함을 지나면서, 한 사람의 연애
관과 이성관 그리고 결혼관은 끊임없이 바뀌게 된다. 오늘 이 순간 당신의
손을 잡고 있는 그 사람도 그 과정을 겪어 지금의 연애관을 가지고 있는 것
이며, 당신도 마찬가지다. 오늘 손을 맞잡은 두 사람의 연애관은 지난 모든

연애의 결과물이다.

이게 참 재밌는 일이다.

어쩌면 내가 그토록 좋아하는 애인의 특징, 특히 연애에서 보이는 특징은 당신이 그토록 싫어하는 그 이전 사람의 흔적일 가능성이 크다. 그것도 아주.

어디서든 연락이 잘 되는 애인의 장점은 당신이 마주치고 싶어 하지 않는 이전 연애의 그(녀)도 똑같이 좋아했던 장점이었거나, 그게 아니면 그(녀)가 만들어 놓은 특징일 수도 있다.

너무나 젠틀한 그 사람의 매너, 남자의 심리를 잘 이해해주는 그녀의 배려, 따뜻한 말 한마디, 사소한 몸동작 하나까지도 어쩌면 ex의 흔적일 수 있다.

그에 앞서서 애인이 당신에게 매력을 느꼈다는 점 역시 ex의 흔적일 공산이 아주 크다. 오늘날 애인에게 어필했던 당신의 매력과 비슷한 방식으로 ex와 당신의 애인은 이어졌을 수도 있고, 당신의 애인은 이전에 몰랐으나 ex를 만나며 이성의 새로운 매력을 알게 됐고, 우연찮게도 그 매력이 당신에게 있었을 수도 있다. 어쩌면 그 덕택에 당신이 그 사람의 손을 잡게 된 것일 수도 있다.

그러니 전 애인 이야기로 그만 싸우시길.

당신이 사랑해 마지않는 상대방과 싸울 수 있는 그 시간과 기회마저, 전 애인들의 유산일 가능성이 아주 높으니까.

차라리 상대의 전 애인들에게 감사해라.

덕분에 이 사람을 만났으니깐.

물론 아주아주아주아주(네 번이나 아주를 강조해도 지나치지 않다) 잘 알고 있다. 그게 엄청나게 어려운 일이라는 것을. 하지만 계속 애인의 ex에 집착하기보다는, 인정하고 감사하는 편이 속 편하고 나를 더 치켜세워 주리라 생각한다.

58

'생일 축하해'의 순기능.

쓰지 않는 물건 위에는 먼지가 쌓인다.
흘러간 세월만큼의 하얀 먼지가 쌓인다.

인연과 만남에도 세월이 지나면 먼지가 쌓인다.
쓰지 않는 물건처럼, 과거에만 머물러 있는 인연과 만남에도 세월만큼의 먼지가 쌓인다.

물건의 가치는 먼지가 쌓여도 쉽게 변하지 않는다.
가끔 먼지만 털어 준다면 물건의 기능과 가치는 변하지 않고 오래 지속될 수 있다.
인연도 마찬가지다. 사람과 사람이 만든 인연이라는 것은 먼지가 쌓였다고 그 본질이 쉽게 변하는 것이 아니다. 세월이 남긴 먼지만 가끔씩 후후 불어 준다면, 인연의 가치는 변하지 않는다.

카카오톡이 업데이트를 진행했다.
'오늘 생일인 친구' 란을 따로 만들었다.
전에는 생일을 확인하기 위해서 일일이 리스트를 확인해야 했지만, 이제는 보기 편하게 생일인 친구들을 상단에 모아 두었다.

아침에 일어나 생일을 맞은 이에게 '생일 축하해' 카톡을 보낸다.
이 말은 느닷없이 '뭐해? 잘 지냈어?'라고 묻는 것보다 덜 생뚱맞다.
다소간 연락이 없이 지내던 누군가에게도 부담 없이 건넬 수 있는 말이다.

그와 나 사이에 자리했던 침묵의 세월과 무관하게 건넬 수 있다.

말하는 사람에게도 듣는 사람에게도 그리고 말하는 사람의 애인과 듣는 사람의 애인에게도 자연스럽다.

관계 위에 쌓인 먼지를 불어내는 데, 생일 축하해만큼 완벽한 말이 없는 것 같다.

어떤 적의도 악의도 담을 수 없는 문장으로 축하와 안부를 동시에 전할 수 있다.

인연의 가치를 지키고 싶은 사람들에게 카카오톡이 아주 좋은 선물을 했다는 생각이다.

인연 위에 쌓인 먼지를 '생일 축하해'라는 말로 털어 버린다.

'생일 축하해'의 새로운 기능을 알게 됐다.

59

친구가 곧 예술이다.

예술의 바탕에는 그리움이 있다.
노래, 글, 조각, 그림 등 표현하는 방식은 달라도,
인간의 손끝에서 탄생하는 모든 예술은 결국 그리움에서 기인한다.

유한한 존재인 인간이 유한한 시간을 살아가니 모든 순간은 아쉽고 그립다.
영원한 건 없으며, 늙어 가고 죽어 가는 것들은 모두 아름답다.

우리는 그 아름다운 순간들을 붙잡아 둘 심산으로 글을 쓰고, 그림을 그리고, 사진을 찍고 그리고 노래를 부른다. 세월 앞에 무력할 수밖에 없는 인간이기에, 지켜내고 싶은 아름다운 순간들을 예술 속에 묻어 둔다.
예술의 시작은 '그리움'이고 완성은 '추억'이다.

오랜만에 날아온 친구의 메세지에는 함께한 추억이 있었다.
너의 기억속에 내 그리움이 있었고, 내 그리움엔 너의 기억이 있었다.

예술은 먼 곳에 있지 않았다.
눈 감는 순간까지 간직하고 싶은 내 어린 시절의 모습과 추억들이 친구 위에 있었다.

너에게 절절한 글이 있었고, 풋풋한 그림이 있었고, 우리의 어린 사진이 있었으며 함께 나누던 노래가 있었다.
네가 곧 내 예술이었다. 친구가 곧 인생의 예술이었다.

한 살 두 살 먹어 가며 돌아갈 수 없는 그리운 시간들이 쌓일수록,
친구가 하나의 종합 예술이라는 생각하게 된다.

60

스포츠 영웅의 쇠퇴기를 함께하는 일.

(박지성과 효도르를 보며)

좋아하는 스포츠 스타가 있는 소년에게 어른이 된다는 건 곤욕스러운 일이었다. 박지성이 퀸즈 파크 레인저스로 이적하던 날, UFC로 무대를 옮긴 효도르가 안토니오 실바에게 신나게 두들겨 맞던 날, 티비 앞 소년은 이전보다 성숙해진 얼굴로, 세월의 야속함을 통감하고 있었다.

월드컵 4강이라는 전무후무한 성적으로 대한민국이 축구로 하나 되던 2002년, 소년들은 축구선수들에 매료됐었다. 나 역시 예외는 아니었는데, 나는 그중 포르투갈전에서 멋들어진 골을 넣은 박지성 선수를 가장 좋아했었다. 히딩크 감독이 이영표 선수와 함께 그를 네덜란드 리그의 명문 PSV 아인트호벤으로 데려갔을 때, 나는 그것이 마치 나의 일인 것처럼 즐거워했다.

그리고 2005년. 아인트호벤에서 뛰던 박지성이 당대 최고 명문이던 맨체스터 유나이티드로 이적했다. 유럽 챔피언스리그에서 뛰어난 플레이를 보이며, 전 세계인의 주목을 받은 직후의 일이었다. MBC SPORTS에선 토요일 밤마다 그의 경기를 중계했는데, 호날두, 루니 같은 세계 최고의 선수들과 패스를 주고받으며, 리그와 컵 대회를 가리지 않고 활약하는 박지성은 내게 자랑스러운 한국인이자, 영웅이었다.

비슷한 시기, 러시아 태생의 예멜리아넨코 효도르라는 격투기 선수도 전성기를 구가하고 있었다. 2006년 무한도전에 출연하며 한국과도 인연을 맺은 바 있는 그의 별명은 60억 분의 1의 사나이였다. 곰돌이 푸를 연상케 하는 친근한 미소를 가진 그의 키는 182cm로, 헤비급으로는 단신임에도 불구하고, 다른 장점을 계발해 2m에 육박하는 장골들을 픽픽 쓰러뜨리고 있었다. 그는 경기 중에는 누구보다 차갑고 냉철하지만, 경기가 끝난 직후에는 옆집 힘센 아저씨와 같은 인간적인 모습들을 보여 줬다. 나는 그 모습에 매료됐었다. 특히 마크 콜먼에게 KO 승리를 거둔 뒤, 콜먼의 딸 앞에서 콜먼의 손을 들어 주며 그를 치켜세워 줄 때, 나는 그에게 나의 영웅이라는 타이틀을 부여했었다.

나는 박지성과 효도르의 경기를 보며 자랐다. 그들이 그들의 자리에서 절정의 커리어를 쌓아 가고 있을 때, 나도 나의 자리에서 성장통을 겪으며 여드름을 피워 내고 있었다. 얼마 못 가 돌아올 것이라는 세간의 의심을 종식시키며 박지성은 국가대표팀과 소속팀에서 최고의 활약을 이어 갔고, 효도르는 그의 아성에 도전해오는 격투가들을 눕히며 연승 행진을 이어 갔다. 그들의 기사와 경기를 찾아보며, 나는 가슴에 뜨거운 무언가를 느꼈다. 그건 자신의 영웅을 대하는 소년의 자세였다.

10대의 마지막. 수능 준비에 여념이 없던 고등학교 시절이었고, 박지성과 효도르가 운동선수로서는 황혼기인 나이에 접어드는 시기였다. 나는 생각만큼 오르지 않는 내 모의고사 성적보다, 중요한 경기에서 자주 모습을 보이지 않기 시작한 박지성이 더욱 걱정이었다. 내 앞날을 알 수 없어 슬프기보다, 첫 패배 이후 휘청거리는 효도르의 앞날을 알 수 없어 슬펐다.

그리고 2012년 대학에 진학하며 어른이 됐다. 같은 해, 박지성은 맨체스터 유나이티드에서 충분한 출전 기회를 얻지 못했고, 막 1부 리그로 승격한 퀸즈 파크 레인저스로 이적했다. 무패를 자랑하던 효도르는 이미 베우둠, 안토니오 실바, 헨더슨에게 내리 3패를 하고, 은퇴를 결정한 때였다. 상징과도 같았던 맨유 유니폼을 벗는 박지성과 만신창이가 된 얼굴로 링을 내려오는 효도르의 모습을 보는 건 견디기 힘든 일이었다. 그들의 전성기에 열광했던 소년은 더 이상 소년이 아니었다.

퀸즈 파크 레인저스로 이적한 박지성의 커리어는 생각만큼 잘 풀리지 않았고, 팀은 강등당했다. 결국 그는 친정 팀인 아인트호벤으로 복귀했고, 커리어 내내 그를 따라다녔던 무릎 부상으로 이른 나이에 은퇴했다. UFC를 떠난 효도르는 은퇴를 번복하며 가끔 링에 서기도 했지만, 제천 시골 촌놈의 가슴을 설레게 했던 그 모습을 보여 주기엔 너무 늙어 버렸다.

스포츠는 인간의 육체적 능력에 크게 의존하는 일이니, 일정 시간이 지난 이후엔 기량이 하락하는 걸 막을 수 없다. 자연의 섭리를 거스를 순 없는 일이니깐. 하지만 그 사실을 모르지 않으면서도, 스포츠 영웅에게 열광하고 함께 울고 웃었던 소년에겐 받아들이기 어려운 일이었다.

박지성과 효도르의 은퇴는 어른이 된 내가 마주한 변화였고, 더 이상 소년일 수 없는 내가 받아들여야 할 현실이었다. 그래서 어른이 된다는 게 꼭 좋은 일만은 아니라고 생각했었다.

넷

61

인생의 모든 시기는 각각의 멋과 가치가 있다.

브라질에서 공부할 때의 일이다.

프랑스에서 온 '로허'라는 친구가 있었다. 한국어로 그의 이름을 정확하게 표기하자면, 로우어허어~ 하면서 코를 살짝 울려야 한다. 나는 그와 꽤 많은 시간을 보냈지만, 그의 말에 따르면 단 한 번도 본인 이름을 제대로 부른 적이 없다고 했다. 그래서 나는 그를 그냥' 해리'하고 불렀다. 둥근 안경을 쓴 그의 모습이 해리포터와 닮았기 때문이다.

그와 여행을 자주 다녔다. 브라질 예수상이 있는 리우데자네이루를 함께 여행할 땐, 그와 하루 종일 붙어 있었다. 나는 그날 그가 약간의 선크림 이외에는 아무것도 얼굴에 바르지 않는다는 것을 알아차렸다. 저녁을 먹고 다 같이 거실에 모여 있었다. 마침 옆에 로허가 앉았다. 원래 로션 같은 걸 얼굴에 바르지 않느냐고 물었다. 내 질문을 듣는 둥 마는 둥 하던 그가 나이에 어울리는 얼굴을 갖고 싶다고 했다. 내 질문을 듣고 있었음을 확인시켜주려는 듯 고개를 내게 돌려, 젊고 깨끗한 얼굴도 그 멋이 있지만, 주름진 얼굴도 충분히 매력적이라고 했다. 인위적인 노력 없이 시간에 순응하며 늙어 가고 싶다고 했다.

인생을 흔히 사계절에 비유한다. 각 계절이 각각의 멋과 아름다움이 있듯, 우리의 삶도 시기에 맞는 아름다움과 즐거움이 있기 때문이다. 봄은 꽃을 봐서 즐겁고, 여름은 열매를 맺어 싱그럽고, 가을은 은은한 분위기에 취하며, 겨울은 차분한 매력이 있다. 마찬가지로 학창 시절에만 누릴 수 있는 설렘이 있고, 청년에게만 주어지는 뜨거운 열정이 있으며, 중년만이 느낄 수 있는 삶의 재미가 있고, 노년만이 가질 수 있는 지혜가 있다. 봄, 여름, 가을, 겨울로 흘러가는 것이 자연의 순리이듯, 인간의 삶도 시간을 따라 흘러간다.

삶의 각 시기가 갖는 재미와 즐거움 그리고 멋은 우선순위를 가릴 수 없다. 여름이 겨울보다 중요하다고 말할 수 없고, 봄을 좋아하는 사람이 있으면 가을을 좋아하는 사람이 있듯이 말이다. 각각의 계절을 열린 마음으로 맞이하고, 그 멋을 최대한 즐기면 된다. 때가 되어 계절이 바뀌는 것을 아쉬워하며 한 가지 계절에만 천착할 이유가 없다. 여름에 피어나는 장미 한번 보겠다고 느지막한 가을 피어나는 국화꽃을 외면하는 어리석은 일은 말아야 한다.

육체적으로 가장 건강하며 무궁한 가능성이 살아 숨 쉬는 청년기가 꼭 세속적 성공을 위해서만 쓰여져야 하는가. 아직은 더 경험하고 더 넘어지면서 세상을 배울 수 있는 젊음이 꼭 정량적 지표로 평가받기 위해 희생되어야 하는가. 부모라는 이유 하나만으로, 부모는 중년의 삶을 희생하면서까지 젊은 자식을 지원하는 게 과연 맞는 일인가. 여전히 고귀한 존재이며 본인의 행복을 추구할 당연한 권리를 가진 중년의 존재는, 부모라는 이름 앞에서 무조건적인 희생의 존재로만 여겨져야 하는가. 한 생애를 온 힘으로 밀고 오며 역사의 한 부분을 담당한 소중한 존재들이 그저 늙었다는 이유만으로 홀대받고, 버림받으며 죽음만을 기다리는 이 비극은 왜 찾아오는가. 봄, 여름, 가을, 겨울이 모두 존중받으며 각자의 멋을 자랑하듯, 우리의 모든 삶의 순간과 장면도 존중받고, 응당 행복해야 하는 것 아닐까.

삶의 진가는 그 순간과 그 시기에 허락된 즐거움 속에 있다. 젊음만이 인생의 황금기가 아니며, 젊음은 유한하지도 않다. 우리는 모두 늙어 가며, 늙어 가는 그 순간도 하나뿐인 우리의 삶이다.

취기가 올라온 붉은 얼굴의 '로허'가 무리 속에서 노래를 부르고 있다. 나는 소파 한구석에 앉아 그를 바라보며, 사계절과 삶에 대해서 생각하고 있었다.

어설프게 어른이 되었다

62

주어진 역할들에 최선을 다한다.

(배우 문소리를 보며)

2007년 배우 문소리는 드라마 '태왕사신기'와 함께 '우리 생애 최고의 순간'이라는 영화를 촬영하고 있었다. 태왕사신기에서는 신녀(출가하지 않고 재가에서 부처의 가르침에 따르는 여자 신도) 서기하 역을, 우리 생애 최고의 순간에서는 핸드볼 선수 미숙 역을 소화하고 있었다.

2008년 그녀가 무릎팍도사에 출연했다. 짧은 단발머리의 그녀였다. 프로그램 진행을 맡은 강호동은 근황을 물으며, 두 작품을 동시에 촬영하며 무엇이 가장 힘들었냐고 물었다. 그녀는 두 작품이 요구하는 모습이 너무나 달라 힘들었다고 말했다.

태왕사신기를 촬영할 땐, 가녀린 신녀를 표현해야 하기에 유약함에 초점을 맞추는 반면, 우리 생애 최고의 순간에서는 근성의 핸드볼 선수를 표현해야 했기 때문에 강인함에 초점을 맞춰야 했다. 양 촬영장을 옮겨 다니며, 있는 근육도 최대한 없애려고 했고 반대로 근육을 부풀리기 위해 미친듯이 운동을 하기도 했다고 말했다. 그녀는 몸이 힘든 걸 차치하고도, 정신적으로 너무나 큰 부담을 느꼈다고 했다. 태왕사신기 촬영장에서는 모두 부드럽고 유한 모습을 선보이는데 혼자만 어울리지 못하는 느낌이었고, 우리 생의 최고의 순간 촬영장에서는 모두가 강한 모습을 표현하고 있는데 혼자만 유약한 것 같아 스트레스가 이만저만이 아니었다고 말했다.

프로그램을 본 지 10년도 더 지나, 그녀의 말에 공감하게 됐다. 물론 나는 영화배우가 아니지만, 나 역시도 '인생'이라는 나의 영화에서 한 번에 다양한 역할을 수행하고 있다. 아마 이 글을 읽고 있는 당신도 마찬가지일 것이다.

가족 내에서도 벌써 아들이자 남동생이다. 살짝 눈만 돌려도 조카이고 손자이며 삼촌이다. 누군가에게는 멋진 선배일 수도 있지만, 상사 눈에는 아무것도 모르는 신입이다. 언제까지나 꿈을 꾸고 싶은 낭만주의자지만, 스스로 밥벌이를 해야 하는 성인이다. 내 멋대로 살고 싶은 보헤미안이기도 하지만, 설령 그것이 내가 원하는 바가 아니라고 할지라도 주변 기대에 충족하고 싶은 전형적인 한국 사람이기도 하다. 유창한 영어 실력을 자랑하는 글로벌 인재로 보이고 싶으면서도 한글 맞춤법 하나 틀리지 않고 싶은 우리말 지킴이도 되고 싶다. 새로운 것을 탐하려는 진보주의자이기도 하지만, 이전에 탐했던 것들을 꼭 지키고 싶은 보수주의자다.

여러 역할을 한 번에 수행하는 건 그녀의 말처럼 부담이 따르는 일이다. 시간은 유한하고 그 안에서 나의 능력이란 더욱 유한한데, 주어지는 역할은 무한해 보인다. 역할과 역할 사이를 오가며 부족한 부분을 채우려 애면글면한다. 역할에 주어진 책임과 기대 그리고 이상을 다하기 위해 자신을 끊임없이 채찍질하고 단근질하다. 역할과 역할 사이에서 나는 늘 바쁘다. 바쁘게 사는 삶이 좋은 삶이라며 스스로 위로도 하지만, 그때뿐이다.

하지만 잠시 투덜거릴 순 있어도 불평을 너무 길게 늘어놓을 순 없다. 내가 행하는 역할들을 선택한 것은 나이고, 나에게 부여된 역할

　　　　　　　　　　　　　　　　　　　어설프게 어른이 되었다

들을 부정하고 회피하는 것은 자신을 전적으로 부정하는 처사이기 때문이다. 나에게 부담으로 다가오는 대부분의 역할이란 다름 아닌 내 욕심들의 결과물이다. 내 욕망이 사회라는 배경 위에서 역할이라는 이름으로 내게 주어지는 것이다. 가끔은 내게 부담이자 압박으로 다가오는 역할들의 면면을 들여다보면, 그 시작에는 대부분 내 손때가 묻어 있다.

우리는 투덜거리면서도 다시 책장을 넘기고, 다시 넥타이를 동여맨다. 힘들다고 노래를 부르면서도 다시 가방을 챙겨 현관을 나선다. 모두 다 저버리고 싶을 때도 있고, 피하고 싶을 때도 있지만 언제나 나를 다시 다잡는 결론으로 이어진다. 어쨌건 내가 내린 선택이니 책임을 다하려 하는 것이다.

문소리는 고충을 토로했지만, 포기하지 않았고 부족함을 끊임없이 메꾸며 두 작품을 성공적으로 마쳤다. 어쨌거나 그녀가 원해 맡은 역할이었으니 스스로 책임을 다한 것이다.

내게도 주어진 역할을 그녀처럼 성공적으로 마치는 순간이 오길 바래본다. 어차피 욕심과 욕망은 버릴 수 없으니, 나는 나에게 지속해서 새로운 역할들을 부여할 것이다. 부디 그 역할들을 잘 소화하여, 그녀처럼 웃을 수 있길 바란다.

63

사랑한다는 말과 사랑하는 사람.

어릴 적 '가족'이라는 언어적 표현을 배우기 전, 나는 이미 나의 어머니, 아버지 그리고 누나라는 존재를 피부로 배웠다. 나를 따뜻하게 품어주고 부족함 없는 사랑을 베푸는 그들은, 안정감과 애틋함으로 다가왔다. 조금 더 성장한 어느 날 '가족'이라는 단어를 배웠을 때, 나는 내 아버지, 어머니, 누나를 이 단어와 함께 연상할 수 있었다. 언어를 배우기 전 의식적으로 먼저 알아차린 '가족'이라는 존재 위에 '가족'이라는 표현을 덮었다.

'우정'이란 단어를 배우기에 앞서, 함께 동네를 뛰어놀면서 자란 친근한 존재들을 알았다. 나와 비슷한 또래로 장난감을 함께 나누었던 작은 존재에게서 나는 편안함과 친숙함을 느꼈었다. 그리고 언젠가 '우정, 친구'라는 단어를 배웠을 때, 바로 그들을 떠올릴 수 있었다. '우정'이라는 언어적 표현 이전에, 내게 인식된 그 존재들을 경험적으로 먼저 안 것이다. 그리고 '우정, 친구'라는 단어를 배웠을 때, 그들을 친구라는 말로 표현하게 됐다.

하지만 '사랑'이라는 단어를 배운 어느 날, 나는 연상할 수 있는 존재가 없었다. 가족과 친구를 제외한 누군가를 '사랑'이라는 말로 표현할 수 있다고 배웠지만, 내게는 그런 존재에 대한 경험이 없었다. 이전에 배운 단어들과 다르게, 나는 표현만을 배운 채 지칭하는 실질적 존재를 찾지 못했다. 내게 오랫동안 '사랑'이란 '사랑'하는 존재 없이 존재하는 표현이었다.

시간이 흘러, 운명처럼 누군갈 만났었다. 이전 다른 누군가에게서는 결코 느낄 수 없었던 특별한 감정을 느꼈다. 가족과 같은 애틋함도 느껴졌고, 친구와 같은 편안함도 느껴졌지만 미묘하게 다른 무언가였다. 나는 그 순간 오랫동안 지칭하는 대상 없이 존재했던 표현, '사랑'을 끄집어냈다.

하지만 사랑은 내 가족 위에 가족이라는 표현을 입히고 내 친구들 위에서 우정을 인식하는 일처럼 쉽지 않았다. 단어와 개념을 실질적 존재에 맞출 순 있어도, 실질적 존재를 단어와 개념에 맞히는 일은 어려웠다. 처음 사랑이라는 말을 배우고 지금에 이르기까지, 사랑은 갈피를 잡지 못하고 이리저리 흔들리며 갈리고 닳았다. 지칭하는 대상이 없으니 허공에 맴돌며 다른 사람들의 그것을 흉내만 낼 뿐이었다. 어쩌면 지칭의 대상이 될 수도 있었던 존재가 내게서 멀어져 갈 때, 나는 사랑이라는 말과 사랑하는 사람 사이에 존재하는 간극 사이에서 허우적거렸다.

'사랑'이라는 단어를 배우기 전, 사랑을 미리 경험 한 사람이 있다면, 그에겐 이런 일이 일어나지 않을까?
그녀가 떠난 지하철 출구 앞에서 그런 우스운 질문을 하고 있었더랬다.

64

나와 내 가족이 아닌 다른 사람의 일에도 간절해질 수 있다.

해군 훈련소에서 동갑내기 친구를 한 명 사귀었다. 첫 만남부터 이유 없이 웃고 있던 그는 진지한 면은 전혀 없을 것 같은 친구였다. 첫 인사를 나눈 뒤 얘기를 하다 보니, 같은 동네 주민인 것을 알게 됐다. 심지어 입대 전까지 내가 자주 가던 피시방에서 알바까지 했다고 하니 여간 반가운 게 아니었다. 군대란 곳에선 누군가와 하나의 공통점만 있어도 반가움이 배가 됐다.

훈련소에서는 키가 큰 훈련병부터 번호를 매겼는데 비슷한 번호의 동기들은 훈련을 받을 때 항상 같은 조였다. 나는 그와 키가 비슷하여 항상 가깝게 있었다. 그는 어떤 상황에서도 농을 칠 줄 아는 사람이었다. 나는 그의 유머가 좋았다. 미국 B급 병 맛 코미디와 같이 아무런 논리도 없이 훅훅 치고 들어오는 유머가 좋았다. 고단한 훈련 속에서 그의 유머가 들려올 때면 헛웃음 같은 웃음이 새어 나왔다. 웃음 같은 헛웃음이었을 수도 있겠다.

훈련을 마치고 그는 목포로 나는 진해로 발령을 받았다. 군 생활을 하는 약 20개월 동안 그를 볼 수 없었다. 인연은 전역을 하고 다시 이어졌다. 새로 얻은 나의 자취방이 그의 집과 가까운 곳이었다. 복학을 한 그는 복학을 하지 않은 나의 집에 종종 들렀다. 발톱을 깎는 주기보다 조금 더 자주 만났던 것 같다. 그리고 내가 호주로 워킹 홀리데이를 떠나던 2015년 8월, 신림역에서 순대 볶음을 같이 먹은 것이 그와의 2015년 마지막이었다.

호주에서 좌충우돌하고 있을 때, 그의 상황이 힘들어졌다는 소식을 다른 군대 동기에게서 들었다. 집에 경제적 문제가 생겼다고 했다. 어떻게 연락을 해 위로를 할까 고민하고 있을 때, 그에게 먼저 연락이 왔다. 훈련소에서 건빵을 까먹으며 농담을 던질 때의 그 익숙한 목소리로 익숙하지 않은 이야기를 전하는 그였다.

그의 표현을 빌리자면, 물러설 곳이 없다고 했다. 후사를 도모할 수 없을 것 같다고 했다. 고민 끝에 시험을 치기로 했단다. 그것도 몹시 어려운 시험을.

귀국을 했다. 그와는 머리를 자르는 주기보다 조금 덜 연락했다. 수화기 너머에 그는 학원비가 부담돼, 집에서 공부하고 있다는 처량한 이야기를 했다. 하지만 직접 만난 그는 처량함이 무색할 정도로 어두운 구석이라곤 없었다. 여전한 농담을 던지는 그는 아직 여유가 있어 보였다.

시간은 계속 흘렀고, 달력은 계속 넘어갔다. 나는 그때그때 하고 싶은 것을 하며 삶을 이어 가고 있었다. 무더운 여름 한강에서 그를 다시 만났다. 1차 시험을 앞두고 있던 그의 목소리에 긴장감이라곤 없었다. 담담하다 못해, 미동도 없었다.

브라질로 교환학생을 가기로 결정했다. 출국 전 그를 마지막으로 만났다. 눈이 많이 내리던 날 종로에서 설렁탕을 같이 먹었다. 그는 멀리

가는 사람 밥은 먹여 보내야 한다며 바득바득 우겼고, 내 지갑조차 꺼내지 못하게 했다. 나중에 귀국하면 그땐 너가 사라고 말하는 그의 목소리에 여전히 구김이란 없었다.

그리고 오늘 그와 통화를 했다. 최종 합격까지 마지막 한 과목만을 남긴 그였다. 나는 그의 심정을 물었다. 대답하는 그의 목소리가 조금 떨리고 있었다. 내색하지 않으려 했지만, 내색하지 않으려 하는 것까지 알아차릴 수 있었다. 어려운 상황 속에서도 한결같이 여유가 있었던 그였기 때문에, 조금의 떨림이 많은 것을 의미한다는 것을 알아차릴 수 있었다.

전화를 끊었다. 하지만 그에 관한 생각은 끊기지 않았다.

명랑했던 목소리 뒤에 얼마나 많은 인내와 고통이 있었을까. 미지가 주는 불안함과 끊임없는 의심이 주는 두려움에 얼마나 허덕였을까. 언젠가 한번은 공부하면서 뭐가 제일 힘드냐는 내 질문에, 혼자 공부하면서 생각이 많아지는 게 가장 힘들다고 말했던 그였다. 생각이 계속 이어지다 보면, 외딴 섬이 된 느낌이 든다고 말했던 그였다. 그 길었던 2년 8개월의 시간을 지나온 그의 목소리가 떨리고 있었던 것이다.

다분히 이기적인 나는 가족이 아닌 누군가의 성취를 절실히 바란 적이 없다. 다른 이의 성공에 배가 아프면 아팠지, 진심으로 축하를 하거나 감탄을 한 적도 별로 없다. 하지만 지금 진심으로 그의 성공을 바라고 있다. 물러설 곳이 없기에 맞선다고 말했던 그가 존경스럽고, 길고 긴 외로움에 지지 않고 꿋꿋이 걸어온 그가 자랑스럽다. 네가 얼

어설프게 어른이 되었다

마나 모진 길을 걸어왔는지 당당하게 보여줘라. 그리고 다시 내게 여유 있는 그 목소리로 농담을 들려줘라.

인생이라는 거대한 서점에서
사람이라는 책을 빼 든다.

사람 만나는 것을 좋아한다. 특히 새로운 사람을 만나는 것을 좋아한다. 나와 다른 배경에서 걸어 나온 사람과 대화를 하고 있으면, 마치 잘 쓰인 한 권의 책을 읽는 느낌이 들어서 좋다. 그 사람의 경험과 사연을 들으며 나에게서 번뜩이는 감정과 생각들은 그 사람에 대한 일종의 독후감 같은 것이다. 늘 읽고 싶은 새로운 책이 있는 것처럼 항상 이야기를 나눠보고 싶은 사람이 있다.

모두가 제각기 다른 제목과 내용의 삶을 써 내려가고 있는데, 그 이야기들이 궁금하지 않은 것은 서점에서 아무런 책에도 관심을 보이지 않고 쭈뼛쭈뼛 서 있는 것처럼 내게는 이상한 일이었다. 나는 스스럼없이 다른 삶을 살고 있는 사람들의 이야기를 묻곤 했다. 때와 장소를 가리지 않았던 것도 같다. 읽고 싶은 책이 있으면 주저 없이 책을 빼내어 드는 것처럼 말이다.

세상을 조금씩 알아가며, 나는 나의 책꽂이가 생각보다 작다는 것을 아니, 비단 나만이 아니라 우리 대부분의 책꽂이가 그리 크지 않다는 것을 알게 됐다. 우리가 살아가며 만나고 이야기해 볼 수 있는 사람이 그리 많지 않다는 것을 안 것이다. 모두 각자의 삶을 책임지며 열심히 쳇바퀴를 돌리는 오늘과 같은 날에는 더욱 어렵다. 그의 쳇바퀴가 나의 쳇바퀴와 겹치지 않는다면, 만나는 것 자체가 힘들다. 비록 동시대를 살아가지만, 그의 삶의 무대는 나의 삶의 무대와 접점이 없다. 그의 쳇바퀴는 저쪽에서 나의 쳇바퀴는 이쪽에서 돌 뿐이다.

사는 게 생각보다 쉽지 않고, 그 쉽지 않은 세상에서 살아남으려 내 쳇바퀴를 돌리는 데만 열심히였다. 다른 이의 사연에 관심을 표하는 일이 다분히 많은 노력과 때로는 피해를 동반한다는 것을 경험적으로 알고 난 이후의 일이었다. 그래서 나와 큰 접점이 없다면 그냥 무심한 척 내 길을 걸었다. 노력은 사치였고 관심은 오버였다.

오늘 늦은 점심을 간단히 해결하려 편의점에 들렀다. 패티가 큼지막하게 들어간 햄버거 하나를 집었다. 그에 걸맞은 음료도 하나 집었다. 카운터로 향하는 길에 컵라면도 하나 챙겼다. 계산을 하고 나와, 집으로 향하는데 아저씨 한 분이 하늘로 카메라를 높게 들이밀고 있었다. 나도 모르게 그를 따라 하늘을 봤다. 구름 한 점 없는 맑은 하늘이었고, 그의 카메라 역시도 구름 한 점 없는 맑은 하늘로 채워져 있었다. 그와 점점 거리가 가까워졌고, 그가 생각보다 나이가 많다는 것을 알아차렸다. 아저씨보다는 할아버지라 표현하는 것이 어울릴 법한 나이였다. 인상이 좋아 보이셨다. 나도 모르게 그 모습을 힐끗힐끗 쳐다보며 걷다가 눈이 마주쳤다. 나에게 인자한 미소를 보여 주셨다.

집에 들어와 전자레인지에 햄버거를 대충 넣고, 커피포트에 물을 끓였다. 널찍한 책상에 앉아 햄버거, 컵라면 그리고 우유를 일정한 비율과 순서로 입으로 들이밀며 허기를 달랬다. 편의점에서 받아온 비닐봉지에 쓰레기를 주섬주섬 담았다. 냉장고 앞에 서 어머니가 보내주신 배즙도 하나 마시고, 봉지에 넣었다. 쓰레기를 들고 밖으로 나왔다.

아까 그 어르신이 아직 그 자리에서 하늘을 담고 계셨다. 나도 하늘을 다시 한번 살폈다. 아까 그 하늘이었다. 어르신과 다시 눈이 마주쳤다. 돌아서 올라가려고 하는데, 그의 '말'이 날아와 내 어깨를 잡는다.

"하늘이 참 맑죠?"

발걸음을 돌려 그에게 향한다. 그가 주머니에서 작은 귤 하나를 꺼내 내민다. 말랑말랑하니 맛이 좋을 것 같다. 그가 그의 말랑말랑한 이야기의 껍질을 벗기기 시작한다. 전직 고등학교 선생님이라고 본인을 소개하신다. 은퇴와 함께 구매하신 카메라에는 하늘 사진이 가득하다. 사계절이 뚜렷한 한국만큼 다양한 하늘을 가진 곳이 없다며 봄, 여름, 가을, 겨울 하늘을 순서대로 보여주신다. 그의 이야기는 다양한 하늘만큼이나 다채롭다.

"모쪼록 준비하시는 거 다 잘되길 바랄게요"

마지막까지 존댓말로 나를 배웅하신다. 90도를 넘어서는 각도로 인사를 하고 집으로 돌아왔다. 설거지를 하며, 다다한 삶의 무대를 겪은 노 작가의 책을 읽고 돌아온 것 같다는 생각을 했다. 나의 책꽂이에 또 하나의 책을 꽂은 기분이 들었다.

"오늘은 날이 추워서 안 나오려고 했는데, 그랬으면 학생이랑 이런 근사한 얘기도 못 나눌 뻔했네요."

어르신의 말씀 중 유독 명확하게 기억되는 말이다. 그가 그 자리에

어설프게 어른이 되었다

그 시간에 서 있었던 것은 여러 선택의 결과였을 것이다. 나 역시도 그 시간에 편의점에 가지 않았더라면, 잠을 좀 더 잤다면, 그 시간에 쓰레기를 버리러 나가지 않았다면 그를 만나지 못했을 것이다. 아침 일찍 친구를 따라 학교 도서관에 갔었더라면 그와 나는 오늘 같은 접점을 만들지 못했을 것이다. 어쩌면 평생 동안 말이다. 그의 우연과 필연 나의 우연과 필연이 오늘 이 시간에 짧은 대화를 가능케 했다. 그 많은 사람 중에 하필 그와 나다. 이것만으로 대화할 이유는 충분하다.

우리 모두 만나고 싶고, 이야기해 보고 싶은 사람이 있다. 그 사람이 인생을 살아가는 방식을 들어보고 싶은 욕망은 누구에게나 있다. 하지만 우리는 쉽사리 그 사람의 책을 열어 보지 못한다. 열어 보기는커녕 책을 잡는 것도 어렵다. 그 사람과의 접점이 없다고 생각한다. 나아가 인연이 아니라고 생각한다.

하지만 우리 가만 생각해 보자. 정말 인연이 아닌지. 그 많은 사람들 중에 하필 그 시간에 그 장소에서 스쳤다는 것이 정말 인연이 아닐까. 지금 내 눈앞을 지나는 그 사람이, 나와 한 공간에서 숨 쉬는 이 사람이, 지금 이 자리에 있기 위해 내린 선택들과 내가 이 자리에 있기까지 내린 무수히 많은 선택들이 과연 그냥 우연일까.

멋진 이야기를 간직하고, 값진 경험들을 품고 있는 사람들이 하루에도 몇 번씩 나를 스쳐간다. 내 안에 작은 거인을 깨울 수 있는 대화들이 나를 비껴간다.

고백컨대 아쉽다. 다시 책을 용기 있게 빼 들어야겠다. 그게 인생이라는 아주 거대한 서점에서 내가 할 일이라 생각되니깐 말이다.

나는 그런 생각과 함께 설거지를 마쳤다. 하늘은 여전히 맑았다.

어설프게 어른이 되었다

언제 끝날지 모르는 유한한 삶이다.
솔직하게 살자.

군 생활을 하며 꿈 많던 두 명의 젊은이가 한순간에 사라지는 것을 보았다. 누구도 예상하지 못한 순간에 일어난 일이었다. 그들이 살아온 십 수 년의 세월은 고작 몇 초의 시간 앞에서 무참히 무너졌다. 명운을 갈랐던 그 순간이 찾아오기 직전까지도 그들은 그저 같은 일상을 살아가고 있었다. 비극의 당사자가 될 수 있다는 것은 전혀 모른 채. 오늘이 삶의 마침표가 찍힐 바로 전날이란 걸 상상도 하지 못한 채.

군대를 전역하며 나는 솔직하게 살 것을 다짐했다. 적어도 내 감정에는 솔직해지자는 다짐이었다. 의도치 않게 찍히는 삶의 마침표가 내일이 아니란 법은 없다고 생각했다. 아름답고 멋진 인생의 소설은 내가 쥐고 있는 펜으로 써 나갈 수 있었지만, 인생의 마침표는 내가 찍을 수 있는 것이 아니었고, 마침표는 한번 찍히면 지울 수도 없었다.

내가 살아가는 삶이지만, 내가 의도하지 않은 순간에 끝날 수 있다는 인간사 최악의 비극이 나를 솔직하게 만들었다. 언제 갑작스럽게 끝날지 모르는 소설을 쓸 수밖에 없는 나였다. 제아무리 거대한 서사를 가져도, 점 하나에 허무하게 끝나버리는 게 나의 삶이자, 우리의 삶이었다. 쥐도 새도 모르게 온점이 찍히기 전, 저자인 나의 이야기를 나의 솔직한 감정으로 써 내려가자 다짐했었다.

세상에 숨기고 살아야 할 일이 지천이었다. 이 와중에 나를 가장 나답게 만드는 감정을 속이고 싶지 않았다. 사회가 들이미는 잣대에 나를 억지로 맞추고, 법과 제도 그리고 유행이라는 이름으로 뜨거운 나를 차갑게 식히는 이 시대에 다른 건 다 양보해도, 감정만은 포기하지 말아야 한다고 생각했었다. 내게 개별성을 부여하는 감성과 감정을 등한시하는 건 나이길 포기하는 것과 다름없었다. 특히 사람에게 느끼는 감정은 그것이 긍정적이든 부정적이든 거짓 없이 표하자는 다짐은 시간이 지날수록 강해졌다.

나는 내 감정에 솔직하게 살며 때로는 편안했고 때로는 불편했다. 불순물 하나 없는 감정을 순수하게 좇으며 웃을 수 있었지만, 열과 성을 다해 좇던 감정이 순식간에 사라지면 우왕좌왕했고, 저질러 놓은 일들을 수습하랴 고생을 하기도 했다. 감정은 예측할 수 없기에 삶에 긴장감과 새로움을 줬지만, 변덕이 심해 나를 당황스럽게 할 때가 종종 있었다.

하지만 그럼에도 불구하고, 나는 감히 감정을 숨김으로써 겪는 괴로움보다 감정을 좇으며 헐떡이는 편이 낫다고 말하고 싶다. 울고 싶은데 애써 웃고, 웃고 싶은데 애써 울며 나 자신을 잃어가는 것보다, 일단은 웃고, 울며 나를 지키는 편이 낫다고 말하고 싶다. 설령 그 뒤에 혼자 감당해야 할 쓸쓸함이 두려워도 말이다. 어차피 한 번 사는 인생이고, 모든 순간은 한 번 지나가면 돌아갈 수 없다. 나라는 유일한 존재만이 가질 수 있는 감정과 내가 가진 맥락에서만 가치가 있는 감성을 따르며 사는 일이 내 삶을 사는 길이다. 모두가 같은 것을 배우고 같은 것을 입고 먹는 이 시대에서는 특히 자신을 지켜내는 거의 유일한 방법이다. 게다가 삶은 언제 끝날지도 모른다. 그 순간에 가장 찬란한 감정을 숨기며 살다, 어느 날 삶에 마침표가 찍힌다면 얼마나 억울하겠는가.

그러니 서둘러 솔직하게 살자. 나는 그렇게 살려고 한다.

한 번 더 나에게 질풍 같은 용기를.

(브라질에서 한국으로 돌아가는 비행기 안에서.)

가진 건 결핍이었고, 잃을 건 젊음이었다.

불사를 수 있는 건 청춘뿐이니,

칠전해도 팔기할 수 있으리라 굳게 믿었다. 내 안에 세상으로 걸어 나갈 거인이 잠자고 있음을 믿어 의심치 않으며, 그 거인이 깨어나는 날, 당당하게 하늘 높이 고개를 치켜 올리리라 약속했었다.

상처에 굴하지 않았고, 슬픔에 낙담하지 않았으며, 세상의 낙인에 복종하지 않으려 기를 썼다. 하지만 돌이켜보면 인정할 수 없는 것들에 굴종하지 않으려 무진 애를 썼음에도, 어쩔 수 없는 인간인지라 두려움과 외로움은 막을 수 없었다.

아무리 외면하려 해도, 엄습하는 두려움과 외로움 앞에서 나는 몰래 숨죽여 울었는지도 모른다. 꼭 눈물을 흘려야만 우는 게 아니니 말이다.

그러니 굴곡지게 지나온 삶의 장면들을 하나하나 이으려 하는 지금, 발 걸음을 옮기는 게 쉽지 않은 건 어쩌면 당연한 일이다. 모진 여정이 기다리고 있으며, 그 여정에서 나는 분명 많이 두려울 것이고, 외로울 것임을 잘 알고 있기에, 발이 무겁다.

그래도 어쩌겠는가. 모든 선택은 내가 내렸고, 그 선택 뒤 어딘가에서 기다리고 있을 영광도 좌절도 다 내 몫이지 않겠는가.

창문 밖을 바라보며, 나지막이 불러본다.

'한 번 더 나에게 질풍 같은 용기를 거친 파도에도 굴하지 않게'

어설프게 어른이 되었다

새로운 수첩을 살 계획이다.

해군에서 배를 타며 메모하는 습관이 생겼다. 알려준 것을 잊었을 때, 선임들에게 받을 핀잔이 두려워 적기 시작했지만, 그들에게 핀잔이 아닌 정을 느끼고 있을 때도 나는 메모를 하고 있었다. 다만 그 주에 해야 할 속칭 '막내 일' 같은 것들이 아닌, 전역 후 하고 싶은 것들과 뜻깊었던 하루하루를 적고 있다는 차이점은 있었다.

전역하며 내가 가장 먼저 한 일은 근사한 수첩을 산 것이었다. 그것이 마치 나의 꽤 괜찮은 시작을 보장해 줄 것만 같았다. 23살의 나는 조그맣고 하얀 네모 안에 나의 이야기를 적어 나갔다. 수첩은 내 설렘도 낯섦도 그리고 비겁함까지도 모두 받아 줬다. 나는 수첩을 펼 때 가장 솔직했다.

무더운 8월이 시작되고 얼마 지나지 않아 가지고 다니던 수첩을 잃어버렸다. 스케줄을 기록하고 심심치 않게 일기도 적었기에 아쉬웠다. 세상에 알려지면 큰일이 날 법한 어마어마한 비밀 따위는 없었지만, 누군가가 내 마음을 읽을지도 모른다는 두려움이 있었다. 나는 하는 수 없이 두렵고 아쉬운 마음으로 또 다른 수첩을 샀다. 그리고 그날 아침, 해야 할 일을 적었다. 나의 기록들을 잃어버린 데 대한 아쉬움 역시도 새 수첩에 남겼다.

새로운 수첩에 새로운 일들이 적혀 나갔다. 나는 그곳에 나의 흔적들을 남기는 데 주저하지 않았다. 오늘은 새롭게 산 그 수첩의 마지막 장에 하루를 정리했다. 지난밤 수화기 너머로 결별 소식을 전하며 한숨을 푹푹 쉬던 친구의 이야기도 남겼다. 끝이 주는 아쉬운 마음에 수첩을 뒤집어 첫 장을 확인했다. 8월 3일이라고 적혀 있었다. 그때부터 오늘까지 이어진 약 100일간의 이야기가 수첩에 있었다. 그리고 그 이야기는 오늘로써 덮였다. 아쉬움과 두려움으로 적었던 첫 장이 오늘은 다른 아쉬움과 두려움으로 읽혔다. 그것은 또 하나의 인생의 장을 끝낸 아쉬움이자 또 새로운 장을 열어야 할 두려움이었다.

적은 메모들을 살폈다. 일기들을 다시 읽었고, 느꼈던 감정들을 다시 느꼈다. 그 안에는 내가 만났던 사람들과 그들이 내게 주었던 인상들이 고스란히 남아 있었다. SNS의 사진을 정리하는 것처럼 혹은 핸드폰 사진첩에 있는 사진들을 정리하는 것처럼 한 장 한 장 애틋함으로 넘겼다. 추억은 눈부셨고, 지키지 못했던 약속들은 못내 아쉬웠다.

근 100일간 서사를 남긴 나는 그 시간만큼 성장한 것인지 퇴화한 것인지 아니면 그때와 똑같은 지점에 서 있는지 잘 모르겠다. 그저 행복함을 남길 땐 행복했고, 슬픔을 남길 땐 슬펐을 뿐이다. 그 슬픔과 행복을 곱씹으며, 추워지는 창밖 날씨와는 다르게 마음은 따뜻하다.

눈 감는 순간까지 지속하고 싶은 일 중 하나는 기록하는 일이다. 그날그날 수첩 위에 나의 하루를 담고 싶다. 내게 허락된 모든 순간과 그 순간에 깃든 감정과 생각을 남기고 싶다. 언제까지나 추억 속의 나를 읽으며, 오늘의 나로 살아가고 싶다.

어설프게 어른이 되었다

내일 아침 새 수첩을 살 생각이다. 어떤 디자인의 수첩을 살지 어느 정도 크기의 수첩을 살지는 아직 정하지 않았다. 그저 적고, 읽고 그리고 넘기기 편하면 장땡일 것이다. 나는 첫 장에 11월 17일을 적을 것이다. 내일 해야 할 일도 적을 것이며, 무언가 끄적이고 싶은 마음이 생기면 투박하게 끄적일 것이다. 약속을 기록할 것이고, 만나는 사람들의 느낌을 정리할 것이다. 그리고 오늘처럼 언젠가 또 마지막 장을 덮으며 첫 장을 열어보겠지. 그때 나는 오늘처럼 슬퍼하고 또 기뻐하며 엉덩이에 털이 날 것을 걱정하고 있겠지.

이별이 준 아픔에도 불구하고
다시 한번 사랑으로 뛰어드는 일.

세상의 빛을 본 지 얼마 되지 않은 아이에게 세상은 모르는 것 투성이다. 도처에 위험한 것들이 얼마나 많은지도 모른 채, 무언가 눈에 보이면 손으로 잡으려 하고 때로는 입안으로 넣으려고도 한다.

아이는 끓는 냄비가 얼마나 뜨거운지 모른다. 틈만 나면 펄펄 끓는 냄비를 손으로 잡으려 해, 부모의 간담을 서늘하게 한다. 가끔은 안시성 같은 부모의 철통 방어를 뚫고, 기어이 냄비를 잡는 아이들이 있다. 이들은 손으로 전해지는 '고통'을 통렬히 느끼며, 위험한 삶의 한 면을 알게 된다. 이 과정은 눈물과 울음을 수반하고 상처와 고통을 동반한다. 눈물범벅으로 부모의 품에 안긴 아이는, 이제는 냄비를 만지지 않을 것을 다짐한다. 아이는 그렇게 세상을 배운다. 직접 느끼며 세상을 '학습' 하고 모르는 부분을 채워 나간다.

우리는 무지(無知)의 결정체로 이 땅에 태어난다. 아는 것 하나 없는 하얀 백지장 상태로 태어난다. 이 무지의 장막을 하나씩 벗겨 내, 세상이 돌아가는 거대한 논리의 한 부분으로 자리매김하기 위해선 학습이 필요하다. 무지의 결정체로 태어난 우리는 '학습'을 통해서만 유지(有知)의 결정체로 나아갈 수 있고, 자연이 내게 허락한 생애를 무리 없이 살아낼 수 있다. '학습'은 생명의 시작이자 끝이고, 탄생의 축복은 학습의 시작을 축복하는 것과 같을 것이다.

삶은 학습을 거쳐 완성돼 간다. 사건 사고를 하나씩 거치며 내게 만족감과 보상을 준 행위는 반복하도록 학습되고, 고통과 상실감을 준 행위는 피하도록 학습된다. 삶은 안정과 쾌락을 준 행위들을 지속적으로 좇고, 고통을 준 행위들은 본능적으로 피하며 이어진다. 이 학습은 '뜨거운 것을 잡으면 고통을 느낀다'라는 일차원적 행동과 반응에서부터, 인간관계와 같은 고차원적 행위에까지 적용된다.

연애와 사랑도 그렇다. 우리는 주위에서 연애의 끝, 쉽게 말해 이별이 주는 고통에 철저히 학습된 사람들을 심심치 않게 볼 수 있다. 그들은 주로 "지난번 사랑이 너무 아파, 다시 연애하고 싶지 않다"라는 말을 하며, 다가오는 인연을 애써 밀어내고, 설레는 마음을 애써 외면한다. 어릴 적 냄비에 손을 뎄을 때의 고통은 사랑에 마음을 데며 느낀 그 고통과 결이 같다. (실제로, 이별의 고통은 물리적 고통을 느낄 때 활성화되는 뇌의 특정 부분을 자극한다고 한다.)

고통의 이름으로 연애를 학습한 이들에게, 사랑의 간주곡은 달콤하지 않다. 어쩌면 머리가 반응하기 전, 본능적으로 몸이 먼저 다가올 고통을 피할 수도 있다. 내게는 엄청난 의미였던 시간이 누군가에게는 그저 보통의 순간이었다는 것을 알게 됐을 때의 배신감, 연애의 끝에서 절여왔던 가슴, 닿을 수 없는 아득함, 미우면서도 보고 싶은 이중적 감정, 하염없이 흐르는 눈물, 그 속수무책 앞에서 마음은 닫히도록 학습됐는지 모른다.

하지만 인연과 운명은 그 아픔도 모르는지 예상치 못한 어느 날 다시 찾아온다. 어느 가수가 노래에서 말한 것처럼 지난 사랑의 아픔은 새로운 사랑의 행복으로 잊힌다. 학습된 연애의 아픔에도 불구하고 우린 다시 누군가와 손을 마주 잡고, 따뜻한 불빛 아래서 사랑을 속삭이며 미래를 약속한다. 많은 실패와 고난에도 여전히 찬란한 인간의 역사처럼, 사랑은 모진 고통과 시련 속에서도 결국 이어진다.

이따금 이전의 기억들이 발목을 붙잡고 서로가 서로에게 나아가는 것을 방해할 때가 있지만, 우리는 이번만은 다를 것이라며 최면 아닌 최면을 건다. 고통을 피하도록 학습된 DNA와 싸우며 다시 한번 마음을 열어젖히고 사랑을 믿어본다. 사랑은 지난 아픔과의 싸움이고, 나를 송두리째 흔들지도 모르는 미지로 손을 뻗는 용기이다. 나는 옛사랑이 준 고통과 상처에도 불구하고, 용기를 내 다시 한번 사랑을 쟁취하려 하는 모든 이들을 응원한다. 인류의 번영과 환희는 다시 사랑에 뛰어드는 모든 이들의 심장에 있다.

어설프게 어른이 되었다

70

그 길을 걷고 싶다.

초록의 그 길을 걷고 싶다. 전날 내린 비의 촉촉함을 한껏 머금고, 기분 좋아라 웃고 있는 나무들의 그 길을 걷고 싶다.

눈으로 즐기는 신록의 푸르름을 내 코와 입으로 들이마셔 가슴까지도 푸르름이 채워지는 그 길을 걷고 싶다.

적막과 고독 사이에 내 발자국 소리 조심히 찔러 넣으며 가볍게 아주 가볍게 그 길을 걷고 싶다.

나도 모르게 흘러나오는 콧노래와 바람에 나부끼는 나뭇잎 소리만을 벗삼아 그 길을 걷고 싶다.

한 걸음 한 걸음 내디딜 때마다 옛 추억 새록새록 피어나, 두둥실 실구름처럼 날아오르는 그 길을 걷고 싶다.

여름 내음 어지럽게 들어차 싱그러움에 숨 막히는 그 길을 걷고 싶다.

언젠가 들었던 음악 한 구절, 언젠가 보았던 영화 한 장면, 언젠가 읽었던 소설 한 장면 떠올라 나도 모르게 촉촉이 젖어가는 그 길을 걷고 싶다.

추억 속 어린시절 그대로 남아있는 고향 친구 저 나무 뒤 어딘가에 숨어, 고개만 빼꼼히 내밀 것 같은 그 길을 걷고 싶다.

저 모퉁이만 돌아서면 가슴 절절히 보고 싶은 사람들, 이름 한 번 크게 불러보고 싶은 사람들 모두 기다리고 있을 것만 같은 그 길을 걷고 싶다.

생각만 해도 가슴 벅찼던 순간들로 나를 데려가 줄 그 길을 걷고 싶다.

지난날의 과오와 상처가 아닌 미래의 기대와 희망만을 상기시켜줄 그 길을 걷고 싶다.

이 길 끝나는 어딘가 내 사랑하는 가족들 소박한 음식 소담하게 담아 놓고 나 오기만을 기다리고 있는 그 길을 걷고 싶다.

나를 억누르는 모든 고난과 역경을 뒤로하고, 자유롭게 걷고 싶다.
그 길을 꼭 걷고 싶다. 그 길을 눈물나게 걷고 싶다.

71

감성과 이성의 조화.

밤꽃 향내 풀풀 풍기는 방년 17세, 고등학교 2학년 때의 일이다. 늦봄이자 초여름, 2박 3일로 야영을 갔다. 방만과 태만으로 지나가 버린 고등학교 1학년과 파죽지세로 가까워지고 있는 고3 수험 생활 사이에 놓인 고등학교 2학년으로서, 나이에 걸맞은 혹은 걸맞지 않은 고민을 하고 있던 시절이었다.

각자의 자리에서 각자가 짊어진 꿈의 무게만큼 하중을 느끼고 있던 우리에게 야영은 일종의 단비 같은 것이었다. 야영 장소에 가는 동안 몇 개의 휴게소에 들렀고, 휴게소에 들를 때마다 통감자나 핫바 같은 것들로 빈속을 채우는 한편, 오랜만에 맛보는 한가로움과 자유로움에 비어 가던 감정의 배도 채우고 있었다.

그런데 개중에 한 녀석이 그 자유로움의 향기가 진하게 퍼지고 있던 분위기에서 아주 유유자적하게 영어단어를 외우고 있었다. 이는 마치 모두가 '가위'를 내기로 약속을 해놓고 그 녀석 혼자만 '주먹' 또는 '보자기'를 낸 느낌이었다. (가치관에 따라서 그 녀석의 행동은 '보자기'도 될 수 있고 '주먹'도 될 수 있다고 생각한다.)

인간이 하는 모든 활동은 크게 두 가지로 나뉜다. 차가움과 머리 혹은 좌뇌형 활동으로 대변되는 이성적인 활동과 따뜻함과 가슴 혹은 우뇌형 활동으로 대표되는 감성적 활동이 그것이다. 쉽게 말해서 요즘 말로 '힐링'이라고 하는 것들이 감성적 활동에 포함될 수 있고, '열심히 산다'의 '열심히'는 지극히 이성적인 것들을 지칭한다고 할 수 있다. 이 감성과 이성의 색안경으로 다시 그날의 야영을 들여다보면 모두가 감성으로 임하고, 또 그렇게 하는 것이 불문율인 것처럼 여겨지고 있을 때 그 친구 혼자서 이성으로 임했던 것이다.

물론 당시 그 친구는 나를 포함한 대부분의 친구에게 힐난과 질타를 받았지만, 그 친구의 행동을 이해하지 못했던 것은 아니다. 어쩌면 그것이 우리가 그토록 갈구하는 '성공'의 첩경일지도 모를 일이었다. 흔히 우리가 말하는 성공한 사람들이란 그들의 머리와 이성에서 특출남을 보인 사람들이 대부분이다. 아무리 스토리가 스펙을 이긴다들 하지만, 그 어떤 대기업의 면접관도 이성적인 것들에 앞서서 감성적인 것들을 운운하지는 않고, 고위직 공무원 혹은 법조인이 되기 위한 관례들은 온갖 차가운 것들로 점철돼 있다. 이 어렵고 좁은 출세의 문을 빠져나온 이들은 이 사회가 원하는 만큼 차갑고 이성적이었던 것이고, 우리는 그저 그것이 정당한 도리인지 알고 따르는 것뿐이다.

친구, 가족과 함께할 시간에 펜대 한 번 더 돌리고, 책 한 장 더 넘긴 이들의 행동은 이윽고 이들을 '성공한 사람'의 반열에 올려놓았다. 성공하기 위해선 사이코패스가 되어야 한다는 우스갯소리는 더는 우스갯소리가 아닐 수도 있다. 애석하게도 21세기에 간디와 같은 배려와 마틴 루터킹의 아량을 가져도 출세하지 못한다. 우리 엄마 말로 하면 밥 먹여 주지 않는다고 말할 수 있다. 끽해봐야 착한 친구다. 설상가상으로 착한 남자는 인기도 없다.

세상이 그런 부류의 사람들을 인재라 칭한다. 모두 세상의 흐름과 요구에 부응하려 아등바등 살아간다. 토익 몇 점 더 올리면, 자격증 하나 더 따면 내 삶이 달라지리라 굳게 믿으며, 전날 친구들과 함께 시간을 보낸 것을 후회하고 반성하며 차갑게, 아주 차갑게 살아가고 싶어 한다. 모두가 더 차가워지지 못해 안달이 난 이 시대에, 혼자 뜨거운 상태로 남아 감정이나 채우고 있으면 불안해진다. 그래서 누군가는 그 차가운 대열에 합류하고 싶지 않지만 불안함을 이기지 못해, 뜨거운 자신을 억지로 식혀 가며 대열에 합류한다.

하지만 우리 만물의 영장은 아무리 철저하게 이성적이려 해도 감성적인 것에서 완전히 자유로울 수 없다. 우리를 진정 인간답게 만들어주는 것, 살아있음과 행복을 느끼게 해주는 것은 내 마음에서 은은히 우러나오는 정과 같은 것들이지, 돈이나 명예가 아니기 때문이다. 사랑하는 사람과 신록이 우거진 길을 발맞추어 걸을 때, 늦은 밤 고향 친구들과 술 한잔 기울이며 뽀얗게 먼지 묵은 옛 추억을 곱씹을 때, 가족사진 속에 다 같이 환하게 웃고 있는 가족들의 얼굴을 볼 때 우리가 느끼는 행복은 우리에게 감성적인 것들이 지극히도 필요함을 보여주는 실례이다. 그리고 우리 인간이 만약 감정의 선을 완전히 배제할 수 있는 존재였다면, 음악이나 미술과 같은 문화들은 태동하지 못했으리라. 문화와 예술이 결여된 삶. 상상할 수 있겠는가?

그때 야영에서 영어 단어를 열심히 외우던 그 친구도 연애를 하고 있다. 너무도 차가운 '수능 특강'을 넘기던 그의 손이 이제는 달콤함이 넘쳐흐르는 뜨거운 카톡을 여자친구에게 보내고 있고, 오로지 그를 위해서만 짜이던 계획에 따뜻한 누군가가 한자리를 떡 하니 차지해버렸다. 물론 그는 지금도 '열심히' 살고 있다.

단언하건대 인간은 절대로 차가운 이성만으로 살 수 없다. 더 차갑게, 더 독하게, 더 열심히 무언가를 이루려 하면 할수록 반대급부로 마음이 허해지고 헛헛해지는 이유는 아주 간단하다. 우리는 사람이기 때문이다. 인간은 한쪽 날개와 한쪽 눈으로는 날 수 없는 비익조다. 감성과 이성에 동시에 호소해야만 비로소 완전하게 하나가 되어 날 수 있는 것이 우리이고 인간인 것이다.

진정한 어른이 된다는 건 이 이성과 감성의 적절한 조화를 찾아가는 일이 아닐까 생각한다.

가난의 대물림.

군대를 막 전역했을 때, 호텔에서 잠깐 일을 하게 됐었다. 오래전 동네 태권도장에서 취득한 태권도 자격증 덕분에, 비록 내 안위도 제대로 지키지 못하는 상황이었으나, security팀(보안 팀)에서 일을 하게 됐었다. 사실 팀이 맡는 업무의 중요도는 꽤나 높았었지만 전문성을 가진 이는 없었다. 그나마 전문성이라고 한다면, 검은 양복을 입었을 때 폼이 좀 나오는 게 다였다.

신입인 내가 가장 먼저 하게 된 일은 주차장 보안이었다. 지하 주차장 부스에 앉아 드나드는 차량을 파악하는 일이었다. 하루에도 수백 대의 차량을 보며, 나는 서울에 수많은 외제 차가 있다는 것을 새삼다시 느끼게 됐었다.

호텔을 찾는 사람 중 투숙이 목적인 사람들도 많았지만, 그보다 많은 사람들이 골프나, 휘트니스 혹은 수영장 같은 부대시설을 이용하기 위해 방문했다. 주차장 한편에 앉아 있던 나를 스쳐가는 외제 차들은 부대시설을 이용하는 이들의 발이 되어 주는 수고를 마다하지 않았다. 외국에서 건너온 그 차들의 핸들은 대부분 굵은 알반지를 낀 귀부인의 고운 손이나 번쩍거리는 시계를 손목에 걸친 중년 또는 그보다 조금 더 나이가 많은 노신사의 손에 이끌리고 있었다.

차에서 내린 그들은 '또각또각' 구두 굽 소리를 귀티 나게 내며 그들의 문화 속으로 유유히 사라졌다. 그들의 부티 나는 구두 굽 소리가 사라진 자리에는, 흙먼지만이 남을 뿐이었다. 이 흙먼지들은 그들과 비슷한 연배지만, 얼굴에 세월이 더욱 진하게 새겨진 어느 중년들에 의하여 닦여졌다. 대한민국은 자유민주주의 국가로 모두가 평등하다고 하지만, 발자국을 낸 사람과 발자국을 닦은 사람을 같은 계층의 사람이라고 묶어버린다면, 두 부류의 사람들 모두 탐탁지 않아 할 것이라고 생각했었다.

이 광경을 지켜보며 나는 그들의 자녀들이 살아갈 세상을 생각하곤 했었다. 한쪽의 부모들은 본인들이 살아온 방법 혹은 한 층 더 개선된, 그것이 금전이 되었든 인맥이 되었든 간에 더 나아진 환경과 선택지를 과육이 뚝뚝 떨어지는 수박처럼 자식들에게 물리도록 물려줄 것이다. 그들의 자녀들은 자연히 부모가 찍어 놓은 발자국에 사뿐사뿐 발을 올려놓으며, 다른 것에는 신경 쓸 필요 없이 오로지 앞으로 걸어 나가는 데 힘을 쏟는다. 그들은 자연스럽게 어느 쪽으로 가는 것이 최선의 목적지인지, 어떻게 가는 길이 가장 빠른 길인지 배우게 된다.

그 반대편의 부모들은 자식에게 자신이 겪어야 했던 그리고 겪고 있는 고난과 역경을 푸념 조로 내뱉으며 말한다. "아들아, 딸아 너는 절대로 나처럼 살지 말아라." 세월의 폭풍우를 우산 없이 맨몸으로 맞서 온 이들은, 못 배우고 못 가진 서러움을 자신의 피붙이에게만큼은 겪게 하지 않으려, 추운 줄도, 더운 줄도, 힘든 줄도 모르고 사방으로 팔방으로 휘젓고 다닌다. 자신의 인생에서 당연히 주인공이 되어야 할 그들은, 스스로 거름이 되기를 자처한다. 그러면서도 늘 다른 부모들만큼 해주지 못한 것에 바보처럼 미안해한다. 그들의 자녀들은 맨손으로 삶을 시작한다. 원하는 삶의 방향으로 걸어 나가는 데 힘을 쏟는 것이 아니라, 어디로 가야 할 지, 어떻게 가야 할 지 그리고 나는 정말 갈 수 있는지를 스스로 터득하며 발걸음을 내디뎌야 한다. 부모처럼 살지 말아야 한다는 처절한 외침 속에서, 외롭게 걸어 나가야 한다.

이 서로 다른 배경에서 시작한 그들의 자녀들은 사회라는 달리기 트랙에서 맞닥뜨린다. 그들의 목표는 같다. 저 멀리 보이는 결승선에 먼저 머리를 짓이겨 넣는 것이다. 하지만 결승선을 통과할 수 있는 인원에는 제한이 있다. 이 제한은 시간이 갈수록 엄격해진다. 우물쭈물하다가는 영영 통과하지 못할 수도 있다.

출발선에서 서로의 눈치를 보며 자세를 가다듬는다. 시작을 알리는 총소리가 울리고, 모두 다 기세등등하게 달려 나간다. 하지만 이 달리기 시합은 아주 이상한 규칙이 있는데, 규칙이 없다는 게 이 달리기의 규칙이다. 먼저 결승선을 통과하기만 한다면, 그가 어떤 식으로 그곳에 닿았는지 따위는 저 하늘나라의 이야기일 뿐 논외이다. 결과와 순위만이 있을 뿐 과정이라는 것은 존재치 않는다. 누군가는 맨발로 달려야 하고, 누군가는 황금으로 덧칠한 운동화를 신고 달린다. 정말 잘난 놈들은 관우의 적토마를 탈 수도 있다. 누군가는 우사인 볼트를 대신 고용해 뛰게 할 수도 있다. 여기에는 반칙이라는 것이 없으니깐 말이다. 속단하기는 이르지만, 결과는 불 보듯 뻔한 것이 아니냐는 생각을 해 본다. 사실 속단도 아닌 듯하다.

개천은 말라 버렸다. 용은 더 이상 개천에서 날아오르지 못한다. 끽해야 잉어 정도 될 것이다. 이런 생각을 하고 있으면, 더럽고 치사해서 모두 다 그만두고 싶지만, 모두 알고 있을 것이다. 나는 내 부모처럼 살고 싶지 않다는 것을. 그리고 내 부모의 희생이 헛되지 않기를 바란다는 것을.

호텔 주차장 한 편에 앉아서 줄지어 들어오는 외제차들과 그 외제차들 사이사이를 걸어 다니며 걸레질을 하는 중년을 번갈아 본다. 이 적나라한 광경이 어른이 된 내 앞에서 펼쳐지고 있었다.

어설프게 어른이 되었다

위로.

'경험'은 위로를 가로막는 최악의 장애물이 될 때가 있다. 고통과 좌절을 토로하는 이에게 경험에서 비롯된 가벼운 위로나 조언을 던지는 일은 상처를 어루만지는 일이 아니다.
용기를 내서 자신의 가장 약하고 괴로운 부분을 직시하고 조언을 구하고 있는 상대에게,
'나도 해봤는데~'
'다들 그래~'
'더 심한 사람도 있어~'
따위의 가벼운 위로를 전하지 말라. 그건 위로를 가장한 으스댐이고, 관심을 가장한 무관심일 뿐이다.

설령 당신이 세상 모든 것을 경험하고 통달한 전인이라 할지라도,
목마르면 물 마실 수밖에 없는 인간임을 인정한다면,
토로하는 고민이 아무리 미천해 보여도, 그 토로하는 입도 당신처럼 목마르면 물 마시는 인간의 입이라는 걸 명심해야 한다.

그걸 잊고 경거망동하는 순간 당신의 입이 미천해진다.
차라리 그냥 들어주어라. 설익은 조언을 전달할 바에는 그의 고충을 그저 들어주는 편이 더 낫다.

'아직'과 '영영'.

누나의 지인과 함께 저녁 식사를 한 적이 있다. 불혹의 나이를 넘겼다는 사실이 믿기지 않을 정도로 고운 피부와 여전히 매력적인 외모 그리고 말과 행동 속에 자리하고 있는 유식과 고풍은 그녀의 미혼이 능력의 부족이 아닌 의지의 결여임을 설명하기에 충분하였다. 시답지 않은 농담에서부터 정치와 철학에 이르기까지, 방대한 지식과 세련된 유머 감각을 자랑하는 그녀와의 대화는 많은 감흥을 불러일으켰다.

집으로 돌아오는 길에 누나가 그 선생님(그녀의 직업 특성상 우리는 그녀를 선생님이라 불렀다)께서 우울증에 걸린 적이 있다는 이야기를 해 주었다. 여기까지만 들었다면 흘러가는 강물처럼 이 이야기 역시도 흘려보냈겠지만, 우울증에 걸렸던 이유를 듣고 나서는 평평한 평지를 만난 하천처럼 이야기가 머리에 맴돌았다.

젊음을 표현하는 많은 단어 중 단연 으뜸은 '과정'이라 생각한다. '젊다'의 명확한 기준을 상정하는 것은 중년 여배우의 나이를 가늠하는 것만큼이나 어려운 일이지만, 특정 기준에서 젊다고 할 수 있다면 그것은 무언가가 되는 '과정'의 다른 표현이라 생각한다.

미완, 미성숙, 불완전은 모두 '과정'의 바다를 떠다니는 젊은 돛단배들이다. 젊은이들이 혹세무민의 이 세상을 살아가고 있다는 것 자체가 '과정'이다. 저마다의 과정이 향하는 곳은 천차만별이겠지만, 어찌

됐던 젊음의 진가는 이 '과정'이라는 것에서 발휘된다.

하지만 우리는 모두 다 잘 알고 있다. 과정이 향하는 곳은 모두 다르지만, 어느 하나 쉬운 길은 없다는 것을. 무언가 되어가는 과정은 그리 쉬운 일이 아니란 것을.

내가 나의 방향으로 잘 가고 있는지 확인할 수 없어 늘 불안하다. 계속 걸으면서도 불안한 마음을 떨칠 수가 없다. 사실 어느 길이 나를 위한 길인지 명확하게 찾아내는 것조차도 쉽지가 않다. 설령 내 것을 찾는다고 해도, 선천적 혹은 후천적으로 찾아드는 문제들은 왜 석가모니가 삶은 고통이라 했는지 강제로 이해시켜 준다. 무엇이 되어 가는 과정은 그만큼 쉽지가 않다는 말이다.

이 고독하고 외로운 여정을 잘 견딜 수 있게 해주는 만병통치약이 하나 있다. 바로 '아직'이다. 얼마나 고되던 "그래 아직이다, 아직 내 시간이 오지 않은 것뿐이다"라고 생각하는 것은 우리에게 다시금 현실에 맞설 수 있는 용기를 준다. "아직 때가 아닌 것뿐이다"라고 생각하면 마음의 위안을 얻을 수 있고, 여덟 번 넘어져도 아홉 번 일어설 수 있게 해준다.

하지만 애석하게도, 우리는 영원히 젊을 수도 없고, 영원히 살 수도 없다. 삶 뒤에는 반드시 죽음이 따르듯이, 젊음을 이끌던 이 '과정'은 결국 종착지에 다다르게 된다. 그리고 이 종착지에서 우리를 기다리고 있는 것이 달콤한 성공의 젖과 꿀인지 아니면 여전히 미완으로 남은 무언가인지는 아무도 모른다. 이 과정을 지나야만 알 수 있다.

넷

그 선생님께서 우울증에 걸렸던 이유는 종착역에 자신이 기대했던 무언가가 기다리고 있지 않아서였다. '나는 아직 젊어, 이건 과정일 뿐이야.' 백 번, 천 번 되뇌어도, 줄어만 가는 선택의 폭과 늘어만 가는 책임감 그리고 하나 둘 얼굴에 새겨지는 주름살까지 마주하게 된다면, 의구심은 자연스레 커진다. 그리고 그 의구심이 지독하게 잔인한 확신으로 변해 가던 어느 날, 그녀는 저 멀리 어렴풋하게 자신의 종착역을 본 것이다. 내가 원하는 결과가 기다리고 있지 않은 그 종착역을 말이다. '아직'이라고만 믿었던 그녀의 과정이 '영영' 닿을 수 없는 무언가일 수도 있다는 것을 어렴풋이 본 것이다. 그때 그녀의 나이 마흔이었다.

식당에서 알바를 하며 열심히 접시를 치우는 젊은이, 공사판에서 벽돌을 나르는 청년, 등록금과 학자금 대출 사이에서 숨 막히는 대학생, 열정페이라는 헛소리에 놀아나는 인턴, 도깨비 같은 상사 밑에서 매일 깨지는 신입사원, 지도 교수의 횡포에 허덕이는 대학원생, 젊음을 갈아 창작에 도전하는 예술가. 꿈을 위해 기꺼이 헌신하고 노력하는 모든 이들은 '과정'이고 동시에 '아직'이다. 우리는 모두 우리의 길을 걷고 있는 과정 중인 것이고, 우리가 원하는 곳에 '아직' 닿지 못한 것이다. 하지만 우리는 잘 알고 있다. 우리 중 누군가의 '아직'은 '영영'이 되어 돌아올 것이란 것을. 각자의 종착역에 다다랐을 때, 우리는 알게 될 것이다.

이 '아직'이 '영영'이 되는 순간이,
원하지 않은 종착지를 볼 수밖에 없게 되는 순간이,
인정하고 싶지 않은 현실을 받아들여야만 하는 순간이,
내가 더 이상 젊지 않다는 걸 깨닫는 순간이지 아닐까.

어설프게 어른이 되었다

아쉽기에 첫사랑이다.

처음은 언제나 진하게 기억된다. 처음 교복을 입던 날, 처음 부모 품을 떠난 날, 첫 알바, 첫 직장, 첫 키스, 그리고…. 하지만 그중에 제일은 역시나 첫사랑이다.

누구나 첫사랑이 있다. 남자들은 첫사랑을 평생 가슴에 묻고 살아간다고도 한다. 나 역시도 영화처럼 극적이거나, 시처럼 아름답지는 않지만, 그래도 첫사랑이라 꼭 부르고 싶은 추억을 가지고 있다.

방랑하던 15세 소년에게 첫사랑의 추억을 만들어 준 그녀가 대구에 살고 있다는 사실은 안 건 얼마 전의 일이었다. 그녀의 소식을 듣고, 나도 모르게 그 시절의 내가 되어 해묵은 설렘에 사로잡힌 일도 얼마 전의 일이다.

그 당시 내가 그녀와 교제다운 교제를 한 것은 아니었다. 교제는커녕 제대로 된 연락도 하지 못했었다. 물론 시도를 안 했던 것은 아니다. 여자친구가 있는 친구들이 들려주는 연애 팁을 활용해 접근도 했었고, 당시 유행하던 메신저 쪽지를 열심히 보내며 가까워지려 애썼다. 그리고 가끔은 답장이 오기를 기다리는 동안 허락받지 않은 상상의 날개를 마음대로 펄럭이기도 했다. 하지만 답장을 기다리는 시간이 길어질수록 날갯짓의 힘은 떨어져 갔고, 나는 지쳐갔다. 시큰둥한 그녀의 반응은 단념이라는 익숙하지 않은 생각을 하게끔 만들었다.

그땐 내가 그녀를 이토록 길게 기억하고, 첫사랑이라는 거창한 수식어를 붙이는 수준에 이를 것이라고 생각하지 못했다. 그렇게 생각할 만한 거리가 전혀 없었으니깐. 단념인지 체념인지 모를 무언가가 내 마음에 들어차고 난 이후로는 그녀에게서 아무런 감정의 동요를 얻지 못했다. 그렇게 고등학생이 되었고, 수능을 쳤고, 대학에 갔다. 내게 그녀는 잊혀진 존재였다.

그러던 어느 날 대학교 동기들과 첫사랑에 대해 얘기를 하게 됐다. 나에게 첫사랑이 있냐는 질문이 돌아왔을 때, 내가 왜 그녀를 생각하고 있었는지 모르겠다. 잊을 줄 알았던 그녀가 그렇게 내게 다시 찾아왔다.

어쩌면 내가 그녀에게 가졌던 감정과 생각은, 일반적인 첫사랑의 기준에 한 참 모자랄지도 모른다. 하지만 적어도 내가 타인에게서 향유했던 감정 중 첫사랑이라는 표현에 가장 근접한 감정을 느낀 것은 그녀를 알게 됐을 때임이 확실하다. 풋풋함과 설렘으로 아무도 밟지 않은 하얀 눈 위를 밟는 기분이란, 그때뿐이었다.

사과 한 개가 사과나무에 열리기까지는 수백, 수천, 수만 가지의 것들이 필요시 된다. 일조량은 충분해야 하고, 비도 적당히 와야 하지만, 너무 많이 내려 사과가 떨어지게 하면 안 된다. 마찬가지로 내가 그녀에게 이 감정의 감투를 씌우기까지는 많은 것이 요구되었을 것이다.

그렇다. 그녀는 예뻤다. 옹골지게 들어간 보조개, 커다란 눈과 두툼한 애교 살, 그리고 결정적으로 공효진을 연상케 하는 미소가 가히 아름다웠다고 말하고 싶다. 하지만 그녀의 외면적인 게 전부는 아닐 것이다.

아쉬움이 아니었을까. 성인이 된 내가, 첫사랑이 있냐는 질문에 그녀를 떠 올린 가장 큰 이유는 아쉬움이 아니었을까.

내가 그녀를 좋아하던 그때, 그녀의 옆에는 남자친구가 있었다. 소위 우리들이 말하던 무서운 형들 중 한 명이었던 그녀의 남자친구는 나를 좌절케 했다. 그 당시 내 감정을 표현하는 것은 나에게 너무나 큰 용기를 요구했고, 나는 그럴 자신이 없었다. 그래서 돌아섰다. 좋아한다는 내색하지 못하고 돌아섰다.

그때 그 아쉬움이 나도 모르는 사이 내 몸 어딘가에 숨어, 허락 없이 추억 속 그녀를 첫사랑이라는 이름으로 붙잡고 있었던 것은 아닐까. 한 소년의 아쉬움이 한 소녀를 그렇게 기억하고 있었던 것은 아닐까.

물론 이 이야기가 내가 여전히 그녀를 이성으로서 좋아하고 있다는 말은 아니다. 많은 시간이 지났고, 나도 그녀도 많이 달라졌으니깐. 첫사랑은 어디까지나 과거의 사랑이니깐.

'첫사랑은 이루어지지 않는다'라는 말이 통용된다. 하지만 어쩌면 첫사랑이 이루어지지 않는 것이 아니라, 이루어지지 않아서 첫사랑이 된 것일 수도 있다. 마음이 있던 상대와 원하는 만큼 함께 걸어 보지 못한 아쉬움이, 그를 혹은 그녀를 첫사랑으로 묶어 두는 것이 아닐까.

첫사랑이 있냐고 물었던 동기들이, 내게 왜 대답하지 않느냐고 핀잔을 주던 그 짧은 찰나에,
나는 아쉬움을 남기고 떠난 그녀를 생각하고 있었다.

76

고향 친구의 청첩장 앞에서.

어린 시절을 함께 보낸 친구 우범이가 결혼을 한다. 함께 공을 차고, 주말이면 늘 게임방을 함께 가던 우범이는 이제 누군가의 남편이 된다. 그리고는 어느 아이의 아버지가 될 것이다. 유난히 장난이 짓궂었던 그의 이름에 남편과 아버지라는 어려운 개념을 떠올리는 게 아직은 어색하다.

벌써 11월이다. 한 달이 지나면 또 한 살을 먹게 된다. 분명 지나온 모든 순간을 빠짐없이 알뜰하게 살아왔지만, 나도 모르는 사이 많은 시간이 지나간 느낌이다. 하려 했던 일들과 빛바랜 다짐만이 시간의 흔적으로 쌓여 있다.

어린 나이에 큰 업적을 이뤄 내 화제가 되는 사람들은 이제 대부분 나보다 어리다. 국가대표 운동선수 중 나보다 어린 사람들은 수두룩하다. 뛰어난 사람들에 대한 열등감으로부터 지켜주던 '나는 아직 어리다'는 핑계도 수명을 다해간다. 어쩌면 나는 이제 무언가가 되기에는 조금은 나이가 많은 걸 수도 있겠다. 어쩌면 나는 내가 바라던 만큼 뛰어나진 않을 수도 있겠다.

백사장의 고운 모래알을 한 움큼 쥐고 있으면, 아무리 힘을 바짝 주고 잡고 있으려 해도 손가락 사이로 모래들이 빠져나간다. 우리네 인생사가 이런 것이 아닐까. 3억분의 1의 경쟁률을 뚫고 세상의 빛을 보던 그 순간에 우리는 모든 것이 될 수 있었다. 하지만 가난, 무능, 게으름이라는 악의 삼박자가 시간을 타고 우리를 감싸는 순간, 우리의 가능성이라는 것은 모래알처럼 흩어져 흔적만 남긴 채 사라졌다. 그리고 언젠가 펴 본 손바닥 사이에는 몇 안 되는 모래가 남아 있고, 개중 가장 좋아 보이는 자갈 하나를 내 운명인 것마냥 믿고 살아갈 것이다. 가끔은 이미 떨어져 버린 모래 위에 서러움의 눈물을 흘릴 것이고, 가끔은 그나마 남아있는 모래들에 감사의 눈물을 흘릴 것이다.

고향 집 붙박이에는 아직 내 중, 고등학교 교복이 걸려 있다. 교복을 거친 나는 아직 학생 주임 선생님에게 머리 지적이라도 받을까 가슴을 졸인다. 손목이 다 닳은 그 교복을 입었던 나는 아직 야간 자율학습의 풍경이 눈에 선하다. 쿨쿨 자고 있는 힘찬이도 선하고 스터디 플래너 쓰는 창성이도 선하고, 사랑 그 놈을 부르는 성준이도 선하다. 엉덩이가 다 해진 그 교복을 입었던 나는 수능날 아침의 설렘과 긴장을 잊지 않았다. 계속 어리고, 젊고, 미숙하고 싶은 나는 입대하던 날의 감정을 잊지 않았고, 울고 싶었던 그 시간을 잊지 않았고, 제대하기 전날 밤의 다짐을 잊지 않았다. 잊지 않았는데, 나는 그때의 나처럼 철이 없고 멍청한데 뭐가 이리도 복잡하고 어렵기만 한지…

그의 청첩장 앞에서 나는 흘러간 시간과 지금의 나를 생각한다. 더 이상 어릴 수만은 없는, 이제는 내가 살아온 삶에 책임을 져야 하는 나이가 되었음을 실감하게 된다.

77

시소를 함께 탄 파트너에게 최소한의 배려를.

시소는 절대로 혼자서 탈 수 없다. 시소는 놀이터의 다른 터줏대감들과는 다르게 나와 함께할 누군가를 꼭 필요로 한다. 미끄럼틀이나 그네처럼 내가 원할 땐 언제나 혼자서 탈 수 있는 것이 아니다. 또 그것은 아무나와 탈 수 있는 것도 아니다. 외적으로는 나와 체형이 비슷해야 하고, 내적으로도 나와 시소를 탈 마음의 준비가 된 사람만이 내 반대편에 앉아 나의 낮은 모습과 높은 모습을 보며 함께 웃어 줄 수 있다.

시소의 시작은 평등하다. 서로가 앉기 쉽도록 자신을 낮춰 수평을 유지한다. 상대방의 움직임을 살피며 조심스럽게 행동한다. 그리고는 시소를 타기 시작한다. 시작은 상대방일 수도, 나일 수도 있다. 내가 올라설 땐, 그 자체의 즐거움을 즐기고, 상대방을 올려줄 땐, 그 사람의 미소를 보며 같이 즐거워한다. 이것이 시소의 미학이다.

이 즐거움을 유지하기 위해선, 나를 낮추는 것을 겸허히 받아들이며 상대를 높일 줄 알아야 한다. 내 무게를 불리는 것도 시소의 재미를 해할 수 있다는 생각과 함께, 내 무게를 줄이는 것 또한 시소 타기를 망치는 처사라는 것을 알아야 한다.

그리고 반드시 명심해야 할 점은, 상대가 나에 의하여 높은 곳에서 즐거움을 향유하고 있을 때 얌체처럼 시소에서 이탈해서는 안 된다는 것이다. 최소한 당신과 행복의 놀이를 함께한 사람을 배려한다면, 그 사람이 급격히 추락하면서 느낄 공포와 끔찍한 엉덩방아를 묵인하지 말아야 한다. 시소를 그만 타고 싶다면, 시소로 맺어진 관계를 끝내고 싶다면, 처음이 그랬듯이 수평으로 다시 돌아와, 서로에게 상처와 아픔없이 내리는 것을 권하고 싶다.

이건 시소의 관계에서, 상대방에게 추락의 아픔을 주려는 내 친구에게 하고 싶은 말이다. 서로 사랑해 마지않다, 자신의 감정이 식었다며 연애의 시소에서 무작정 뛰어내리려는 내 친구에게 전하고 싶은 말이다.

한때 고결한 감정을 나눴던 상대방에 대한 최소한의 예의를 보이고 싶다면, 상대가 마주할 추락과 엉덩방아를 모른 척하지 말아야 한다. 시소의 끝은 한 쪽이 급작스럽게 뛰어내리는 데 있지 않고, 처음 수평으로 돌아오는 데 있다.

행운과 불운

느닷없이 찾아온 행운에 너무 기뻐할 필요 없다. 행운은 가불 같은 것이라서, 곧 불운으로 갚아야 한다. 때로는 이자가 높아 갚아야 할 불운이 커질 수도 있다.

불현듯 찾아온 불운에 실망할 필요 없다. 불행은 겸손함의 미덕과 꼭 함께 오기에, 세상에 감사하는 마음을 알게 해 준다. 그리고 그 감사가 불운만큼 채워지면, 행운의 문턱은 낮아져 작은 행운에도 감사하게 되며 결국은 큰 행운에 닿게 된다.

그러니 행운과 불행은 생각하기 나름이다.

호주 룸메이트를 떠나보내며.

(호주에서 함께 생활한 룸메이트를 떠나보내며)

예상치 못하게 찾아온 고난 속에서 나의 부모님은 음식 장사를 시작하셨었다. 아버지가 더 이상의 직장 생활을 할 수 없게 된 상황에서 어머니와 아버지가 선택할 수 있는 최선이었으리라. 안재모가 야인시대로 인기몰이에 한창이던 시절의 이야기니깐, 내가 초등학교 3학년 때의 일이라고 할 수 있겠다.

아는 사람은 알겠지만, 일단 장사를 시작하면 집을 비우는 시간은 자연스레 길어진다. 이것은 어린 시절의 내가 집에서 혼자 보내야 했던 시간이 길었음을 의미하기도 한다. 부모님은 그런 내가 항상 마음에 걸려, 집에 친구를 들이는 것에 아무런 제재를 가하지 않으셨다. 같은 동네에 살던 주영이나 한식이는 하루가 멀다 하고 우리 집을 드나들었고, 많은 날을 우리 집 천장을 마주하며 잠에 들었다. 나는 조용하던 우리 집이 친구들의 소리로 채워져서 좋았다. 하지만 즐거움도 잠시였다.

시끌벅적하던 친구들이 떠나고 난 뒤 덩그러니 다시 혼자 남겨지면 쓸쓸했다. 그땐 그 감정을 어떻게 형용해야 하는지 몰랐는데, 이제 와 생각해 보면 그건 쓸쓸함이었을 것이다. 천장이 높은 우리 집에 내 적막만이 조용히 울렸고, 그럴 때면 어제의 즐거움을 다시 한번 곱씹는 것으로 기분을 달래곤 했다. 지금도 그 장면이 생생하게 기억나는 이유는, 아마도 그 시간이 내 유년기에 꽤나 큰 영향을 주었기 때문일 것이다.

그날의 그 감정은 아직도 내 어딘가에서 숨쉬고 있다. 평소에는 보이지 않는 곳에 조용히 숨어 있다, 룸메이트가 떠난 오늘 같은 날이면 다시금 살아나, 천장이 높은 우리 집으로 나를 다시 보내곤 한다. 그러면 다시 고요는 짙게 내려앉고 적막은 낮게 퍼져만 간다.

6개월을 함께 동고동락한 그는 내게 먼저 굿바이를 건넸다. 말 설고 물 선 이곳 호주에서, 사람이 설지 않았던 것은 언제나 반겨 주는 이 친구가 있었기 때문이다. 대만이라는 한국보다도 작은 나라에서 온 진지한 청년은 호주라는 아득한 곳에서 나의 친구이자 가족 같은 존재였다.
그가 떠난 방에 앉아 나는 이 글을 적는다. 얼마 전 그가 스카치테이프로 구멍을 막아 놓은 방충망 바로 앞에 앉아 있다. 혼자 앉아 있으니, 이 방이 꽤나 큰 방이었음을 실감한다.

나는 이제 말할 수 있다. 이별은 참 슬프다고. 누군가와의 이별이 되었든, 이별은 익숙하지 않다. 회자정리 거자필반(만난 사람은 반드시 헤어지게 되고, 헤어진 사람은 다시 만나게 된다)이라고들 하지만, 헤어짐을 만남과 같은 선상에서 그리는 것은 얼마나 눈물겨운 일인가. 회자정리와 거자필반 사이에는 얼마나 많은 세월이 쌓여야 할까.

친구들이 떠나고 집에 혼자 남겨졌던 그 아이는 어느덧 성인이 되었다. 하지만 오늘 같은 날이면, 그는 다시 그 시절 그 집에 홀로 앉아 쓸쓸함에 잠긴다. 몇 번의 이별을 겪어야, 좀 익숙해질 수 있을까.

어설프게 어른이 되었다

80

부모가 되는 것의 무게.

엄마와 도란하게 앉아 사과를 먹던 어느 저녁,
엄마는 문득 더 잘해 주지 못해 늘 미안한 마음이라고 말했다.
더 좋은 세상을 보여 주지 못해 미안하고,
더 좋은 기회를 마련해 주지 못해 미안하다고 말했다.
과분하게 넘치는 사랑에 허우적대던 나에게
참 느닷없는 말이었다.
나는 '사과'하는 엄마의 입으로 '사과' 하나를 밀어 넣었다.

어머니 아버지 사이에서 태어났다는 이유 하나만으로,
부모로부터 너무나 많은 사랑을 받았다. 그것도 무조건적으로.
혼자선 일어서지도 못했던 내가, 내 밥벌이를 할 수 있게 된 지금의 이 순간
까지 변하지 않고 한결같이 나를 지켜준 건 부모의 사랑이다.
미천한 내 언어로는 도무지 담아낼 수도 표현할 수도 없는 사랑이다.

부모는 자식을 위해 기꺼이 희생한다.
희생이라는 단어로도 모자라다.
그건 아마 내가 내 자식을 길러 봐야만,
그제야 조금 가늠할 수 있는 그런 것일 게다.

설령 본인의 삶에서는 한 발자국 물러선다고 해도
자식이 본인의 삶에서 한 발 더 내디딜 수 있는 일이라고 한다면, 백번이고,
천번이고 기꺼이 받아들이는 것.

그렇게까지 해도 결코 성에 차지 않아, 사과 앞에서 자식에게 느닷없이 사과하는 그런 것일 게다.

나의 아버지와 어머니는 나보다 배우지 못한 어린 나이에 결혼했고,
부모라는 이름으로, 험악한 세상에서 가장 약하고 소중한 존재를 길러 냈다.

결혼이라는 것을 희미하게나마 그리는 오늘의 나는 사실 자신이 없다.
내가 부모에게 받은 만큼의 사랑을, 언젠간 생길 내 자식에게 고스란히 줄
자신이 없다.
부모라는 테두리 안에서 느꼈던 그 따뜻함과 위대함을 알기에,
나 역시도 그에 버금가는 테두리를 만들어낼 수 있을 것이라 쉽게 말할 수가
없다.
내 부모처럼 살아갈 자신이 없다.

엄마한테 물었다.
"엄마는 엄마가 외할머니한테 받은 사랑보다, 엄마가 나한테 준 사랑이 더 커?"
엄마는 고개를 젓는다.
누나와 나에게 아무리 사랑을 주어도, 엄마의 엄마가 본인에게 준 사랑에는
미치지 못하는 느낌이라고 한다.
엄마도 엄마의 엄마 앞에선, 부모의 사랑에 눈물겨운 자식일 뿐인가 보다.

이번엔 엄마가 내 입안으로 사과를 밀어 넣는다.

다
섯

81

수능과 학창시절.
잃어버린 가능성에 대하여.

고등학교 등교 첫날부터 야간 자율학습이 시작됐다. 그것은 수시로 대학 가는 비율이 늘고 있는 상황에서 옛 명성을 빠르게 잃어 가고 있는 지방 인문계 고등학교의 발악 같은 것이었다. 그 속내를 알리 없던 우리는 그저 시키는 대로 했다.

굳이 순서를 따져, 누가 그런 분위기를 먼저 조성했는가 들여다보면, 치마에서 바람이 좀 부는 어머니의 아들들이 주도했었다.(참고로 나는 남고를 나왔다) 나같이 치마를 입는 것보다 바지 입는 것을 선호하는 어머니의 아들들은 다들 하니깐 뭣 모르고 따라간 경향이 없지 않았다.

각 중학교에서 온 친구들은 모두 다 같은 촌스러운 남색 교복을 입었지만, 성적은 천차만별이었다. 그 차이는 입학 후 정확히 2주 만에 치게 된 3월 모의평가에서부터 극명하게 보이기 시작했다. 첫 모의고사 성적표를 받아든 후에는 암묵적인 계층 같은 것이 우리 사이에 자리 잡았던 것 같다. 370명의 남학생은 모두 등수가 정해졌다. 특히 수준 차이가 심했던 영어와 수학의 경우 심화반과 보충반을 나누어서 수업을 진행했었다. 칠판 옆 알림판에는 누가 '심화'할 수 있는 실력이 있는지 누가 '보충'을 해야 하는 실력을 갖추고 있는지 적나라하게 걸려 있었는데, 어떤 방향으로든 자신의 위치를 정확하게 아는 친구들은 그것을 굳이 확인하지 않아도 자신의 교실을 잘 찾아갔다.

시간이 지나면서 차이는 더욱 명확해졌다. 매달 받게 되는 모의고사 성적표는 쉽게 오르거나 떨어지는 것이 아니었다. 작은 종이에 찍혀 나오는 몇 개의 숫자는 370명을 순서대로 줄 세웠는데, 이것이 혈기 왕성한 남고생들의 승부욕을 자극했다. 밑에 있던 친구들은 위에 있는 친구들을 잡기 위해 노력했고, 위에 있던 친구들은 잡히지 않기 위해 노력했다. 우리는 같은 추억을 만드는 친구인 동시에 경쟁자였다.

하지만 안타깝게도 우리는 그런 근시안적 생각들에 사로잡혀 학교 밖에서 일어나고 있는 일들을 알지 못했고, 좌정관천이라는 말이 우리를 일컫는 말이라는 것을 전혀 알 수 없었다. 물론 누구 하나 제대로 일러 주는 사람도 없었다. 궁둥이 붙이고 영어, 수학 점수 올리는 것이 우리가 할 수 있는 최선의 삶인 것처럼 얘기했다. 선생님들까지도 말이다. 지방민들의 단점이란 그런 것들이었다.

나도 다르지 않았다. 영어와 수학 보충 수업을 듣는 데 지친 나는, 유난히 추웠던 2009년 겨울, 제대로 공부를 해봐야겠다고 다짐했다. 그런 나를 보고 있던 어머니는 아들이 대견하다며 칭찬을 했었더랬다. 어머니에게는 미안한 말이지만, 가장 바보 같았던 순간 중 하나가 바로 저 때이다. 공부해야겠다고 마음먹은 것을 후회하는 건 아니다. 내가 후회하는 건 나에 대한 성찰 없이, 분위기에 휩쓸려 섣부른 결론을 내리고 무한한 가능성이 살아 있던 10대의 시간을 함부로 써버린 일이다. 내가 보낸 18살과 19살은 오롯이 대입을 위한, 그것도 수많은 방법 중, 수학능력시험만을 위한 시간이었다. 그때는 스스로가 옳은 방향으로 가고 있다고 굳게 믿었다. 하지만 더 많은 시간을 살아내고, 삶을 살아가는 데 여러 방법이 있다는 것을 알게 된 지금, 나는 솔직히 아쉽다.

우리는 생긴 얼굴만큼이나 가지고 태어난 유전자가 다르고 놓인 배경이 다르다. 누군가는 키가 크고 누군가는 키가 작은 것처럼, 누군가는 사회에서 강요하는 공부를 잘하는 것이고, 누군가는 자신이 하고 싶은 공부를 잘하는 것이다. 최소한 영어와 수학만이 공부의 전부가 아니라 말할 수 있다면, 나에게는 필요치 않은 무언가가 다른 사람에게는 공부의 대상이 될 수 있음을 인정해야 한다. 머리와 가슴이 더 말랑했던 사춘기 시절에 해야 했던 것은 무조건 시류에 편승하는 일이 아니었다. 다양한 자극을 줄 수 있는 활동에 참여하고, 그 과정에서 나의 반응을 살펴보아야 했었다. 내가 무엇을 할 때 행복한지, 내가 무엇을 할 때 가장 큰 보람을 느끼는지, 내가 어떤 식으로 돈벌이를 한다면 가장 덜 스트레스를 받을 수 있을지. 우리는 그런 고민을 했어야 하지 않았을까.

9월 모의평가 수리 시험지에 수려한 한 송이 꽃을 그렸다가 선생님께 혼이 난 미대 준비생 상현이는 사실 그의 방식대로 수학을 '공부'했던 것이다. 수리 하나만큼은 곧잘 하던 의정이는 힘들게 들어간 학교를 자퇴하고 기타를 치고 있다. 언어와 외국어 공부에 열성이던 태우는 사진이 좋다며 사진처럼 멋진 삶을 찾아가고 있다. 영어 단어를 열심히 외우던 민영이는 특전사 부사관이 돼 늠름하게 나라를 지키고 있다. 그런 그들을 바라보는 나는 그들이 조금 더 일찍 흥미와 재능을 찾았더라면, 그런 환경이 우리에게 주어졌었더라면, 우리는 어떻게 살아가고 있을까 하는 궁금증이 든다.

내게도 여유를 가지고 나를 알아볼 충분한 시간이 주어졌으면 어땠을까. 다양한 경험에 노출되며 삶의 방향을 정할 수 있는 기회가 청소년이었던 내게 주어졌다면, 나는 어떤 삶을 살고 있을까. 출근하는 지하철이 유독 흔들리는 오늘이다.

어른이 되는 나에게.

굶어본 적 없는 자들의 거짓된 배고픔에 속지 말 것.

언제나 시 한 편에 마음이 젖고, 장미꽃 향에 취할 수 있는 여유를 가질 것.

내가 지금 가진 것들도 과거의 내가 그토록 바라던 것들임을 잊지 말 것.

하지만 그렇다고 새로운 것에 이끌리는 마음을 부정하지도 말 것.

항상 행운이 따를 순 없지만, 그래도 하늘은 나의 편이라 생각할 것.

삶에서 바꿀 수 있는 것과 바꿀 수 없는 것을 명확히 구별하고, 어쩔 수 없는 것들은 과감하게 받아들일 것.

머리보다는 가슴이 끌리는 일에 인생을 쓸 것.

유형의 재화(goods)보다는 무형의 가치(value), 상품보다는 작품, 스펙보다는 스토리에 투자할 것.

부모의 자식 사랑을 무조건적이라 생각하지 말 것.

가난한 부모가 자식에게 해 주지 못해 앓는 마음은 그 어떤 말로도 헤아릴 수 없음을 잊지 말 것.

현실에 불만족하되, 인생에는 만족할 것.

내 방식대로 살아가되, 남들에게 피해는 주지 말 것.

개처럼 빌어먹어, 학처럼 날아갈 것.

나는 나를 잘 안다고 말할 수 있을까.

브라질에 도착해 처음으로 사귄 친구는 Tami다. 한번은 그녀와 스타벅스에 갔다. 한국 스타벅스와 별반 다를 것 없는 스타벅스에서 나는 한국에서 늘 주문했던 생과일주스를 주문했다. 주스를 주문하는 나를 보며 Tami는 커피를 마시지 않느냐고 물었다. 나는 '원래' 커피를 마시지 않는다고 말했다. 카페에서 자리를 차지하기 위해 커피를 주문한 적은 있었지만, 온전히 커피를 마시기 위해 카페에서 커피를 주문한 적은 그때까진 없었다.

목덜미와 어깨를 검게 태우는 12시. 나는 Tami와 학식을 먹고 있었다. 전 세계 커피 생산 1위를 자랑하는 브라질은 이 학교 학생들에게 커피를 무료로 제공하고 있다. 나는 고기를 먹고 이를 쑤시는 게 자연스러운 어느 한국의 아저씨처럼 자연스레 커피를 집어 들고 식당을 빠져나왔다. 적당한 자리에 함께 앉아 커피를 한 모금 마시는 순간, 이때를 기다렸다는 듯 Tami가 묻는다.

"너 커피 원래 커피 안 마신다며?"
분명 나는 커피를 원래 좋아하지 않는다고 말했었다. 커피를 좋아하지 않는다고 생각했었으니깐.
"그렇게 말했었지…."

미적지근한 대답을 하며 미적지근한 커피를 삼켰다.

분명 한국에서 커피를 제대로 마셔본 기억이 없다. 커피를 수단으로 이용해 다른 무언가를 한 적만 있을 뿐, 커피만을 목적으로 마셔본 일이 없었다. 정확하게 말하자면 시도를 해본 적도 없었다. 나는 경험해 보지도 않았으면서, '원래' 싫어한다고 생각했던 것이다.

비단 커피만이 아니다. 한국과 정반대에 있는 브라질이 나에게 몰고 온 변화와 새로움은 커피만이 아니다. 한국에서 춤이라는 걸 진지하게 춰본 적이 없다. 그래서 나는 내가 춤추는 걸 싫어하는 줄 알았다. 춤을 춰야 할 상황을 질색했고 피했다. 하지만 이곳에서 내 시간표에는 브라질 춤(dança do brasil)이라는 수업이 일주일에 두 번이나 있다. 체조와 춤의 경계를 단 한 번도 느껴본 적이 없던 나였지만, 그 경계를 찾아가고 있다. 그것도 아주 즐겁게!

2시간 동안 옷이 다 젖도록 춤을 추고 집으로 오면 가장 먼저 고양이가 반긴다. 그 모습이 너무 귀여워서 한참 어루만지다 발걸음을 옮긴다. 고양이는 고사하고 물고기도 키워본 적 없는 나다. 인간도 동물이기에 동물 기르는 것을 좋아하지 않다고 말하곤 했다. 이 집에 살기 시작한 이후, 고양이와 노는 것은 또 하나의 즐거움이 됐다. 여기에는 색다른 즐거움과 애정이 있다.

춤추는 걸 싫어하고, 애완동물은 기를 생각도 없고 커피는 특정한 목적을 위해서만 마시던 나는 춤을 즐겁게 배우고 있고 식사 후에는 당연하다는 듯 커피를 마시고 아침이면 제일 먼저 샤닝냐(고양이)를 찾는다. 나는 아주 즐겁게 살고 있다.

나는 과연 나를 잘 알고 있는 것일까. 나는 '원래'라는 이름으로 나

어설프게 어른이 되었다

를 예단했었다. 그 때문에 많은 삶의 모습들과 그 안에서 내가 느낄 수 있었던 즐거움을 놓치고 있었다. 아직 해보지 않아 모르는 것을 '아닌' 것이라고 부정했었다. 어쩌면 긍정적 자극과 결과를 이끌어 냈을 무언가를, 나는 그저 흘려보내고 있었는지도 모른다. 내 스스로 울타리를 치고서는 내가 본 세상과 즐거움만이 전부라 생각했다.

아직도 나는 나를 온전히 알지 못한다. 내가 무엇을 좋아하고 싫어하는지, 겪어 보지 않은 환경에서 어떻게 반응하고, 내게는 무엇이 남을지 아직도 나는 잘 모른다.

그래서 우리에게 경험이 필요하고 여행이 필요한 것이 아닐까. 그래서 우리에게 공부가 필요하고 새로운 분야에 도전하는 게 필요한 것이 아닐까. 한번 사는 인생인데, '나'를 제대로 알고 살아야 하지 않겠는가.

불편한 시간을 지날 땐,
편안했던 시간을 생각하자.

불편한 시간을 지날 땐, 편안했던 시기를 생각하고,
인생이 마음대로 살아지지 않을 땐, 의지대로 이끌렸던 순간을 기억하고,
불운이 내게만 엄습하는 것 같을 땐, 나를 따랐던 행운들에 더욱 감사하고,
외로움에 사무칠 땐, 그리운이들과 함께한 순간들을 떠올리고,
몸도 마음도 비어 갈 땐, 다시 채울 수 있는 기회가 찾아왔음에 감사하자.
따뜻했던 지난 봄을 그리며, 추운 이 겨울을 지나는 것처럼.

좋아한다. 사랑한다.

나는 금세 네가 좋아졌다.

비 내리는 목요일 밤, 나는 술에 힘을 빌려, 네가 좋다고 말했다. 네가 좋아서 앞으로도 계속 같이 있고 싶은 욕심이 난다고 했다.

너는 그런 나를 귀엽다는 눈빛으로 바라봤고, 내 손을 꼭 잡아 주는 것으로 대답을 대신했다.

너의 옆에서 나는 내 마음이 막을 수 없는 홍수처럼 불어나는 것을 느꼈다.

너에게 이런 내 마음을 표현하고 싶어, 생각날 때마다 좋아한다고 말했다.

그러다 더이상 '좋아한다'라는 말만으로는 오롯이 마음을 전할 수 없다는 생각에, 처음으로 너에게 '사랑한다'고 말했다.

너는 갖고 싶던 장난감을 크리스마스 선물로 받은 아이처럼 하얗게 웃었다.

나는 너를 사랑하기 시작했다. 그건 분명 좋아하는 감정 이상이었고, 사랑한다고 말하지 않으면 머리와 마음에 애정이 가득 차 아무것도 할 수가 없었다. 그래서 너와 눈이 마주칠 때마다 사랑한다고 말했다. 차오르는 감정을 사랑한다는 말로 게워내면 너는 다시 애정을 들이부어 줬다.

추억이 쌓일수록 마음이 계속 커져 갔다. 그건 겉잡을 수 없는 것이었고, 거역할 수도 없는 것이었다. 눈 내리는 겨울 밤, 카페에 너와 앉아 있었다. 너를 뚫어져라 보던 나의 눈이 너의 눈과 마주쳤고, 나는 사랑한다 말했다. 하지만 뭔가 석연치 않았다. '좋아한다'라는 말이 내 마음을 온전히 담을 수 없었듯이, '사랑한다'라는 표현도 이제는 불어난 마음을 모두 전할 수 없다는 걸 느꼈다.

내 감정은 분명 사랑 이상을 느끼고 있었지만, 전달할 표현이 없었다. 내가 가진 언어적 표현의 한계가 아쉬웠다. 왜 우리는 '사랑한다' 이상의 표현을 만들지 못했을까. 그게 참 아쉬웠다.

나는 언젠가 너에게 우리의 언어로 사랑 이상의 감정을 속삭일 것을 약속했다. 너와 나만이 공유할 수 있는 표현을 만들어, 내 마음을 정확히 전달할 것을 약속했었다.

하지만 나는 약속을 지키지 못했다. 사랑과 사랑 그 이상의 무언가로 향하던 우리의 관계가 궤도에서 이탈하기 시작한 날. 우리의 약속은 빛바래기 시작했다. 멈춰선 감정은 더 이상의 표현을 필요로 하지 않았다.

아직도 내 언어는 사랑한다 이상의 표현을 갖지 못한다.
사랑을 넘어섰던 그 순간의 감정은 언어에 담기지 못하고 그렇게 사라졌다.

어설프게 어른이 되었다

86

우뇌형 천재 장범준.

고 이건희 회장은 천재에 집착했다. 천재 한 명이 20만 명을 먹여 살릴 수 있다는 말을 하며, 천재 영입에 열을 올렸었다. 그 부산물로 월급쟁이라면 누구나 부러워하는 삼성전자의 임금 체계가 탄생하였고, 이건희 체제를 지나온 삼성 그룹은 전세계에 퍼져 있는 모든 고학벌의 교포를 아우르는 DB(Data Base)를 갖게 됐다. 그렇게 파란 물결을 타고 하나 둘 모여든 나름의(?) 천재들은 삼성전자의 현재의 위상을 만드는 데 크게 일조했다.

나도 천재를 좋아한다. 고 이건희 회장만큼의 재산도 영향력도 하물며 귀여움(그는 살아생전 귀여운 외모로도 유명했다)도 없지만, 천재들의 발자취를 탐닉하고 그들이 재능으로 '무'에서 만들어낸 '유'를 좋아한다. 하지만 조금의 차이는 있는데, 고 이 회장이 좌뇌형 천재를 좋아했다고 치면 나는 우뇌형 천재를 좋아한다. 뇌의 영역을 명확히 구분 지어 그 능력의 원천을 밝히는 일은 어렵지만, 어쨌거나 예술적 탁월함을 겸비한 창의적 천재(우뇌형 천재)와 그 능력을 이용해 본인의 삶과 세대에 큰 영향을 미친 사람들을 보고 있으면 경외감을 느낄 때가 많다.

그런 이유로 장범준에게 경외감을 느낄 때가 있다. 버스커버스커로 23살에 슈퍼스타 K3에 참여한 장범준은 참여 당시 큰 임팩트를 주지는 못했었다. 그보다는 울랄라 세션의 임팩트가 훨씬 컸으며, 사실 예리 밴드의 무단 이탈이 없었으면 버스커버스커는 본선에 오르지도 못하는 상황이었다. 당시 장범준의 모습을 보면, 수수하긴 하나 혹할 정도의 외모를 겸비한 것은 아니었고, 노래로 승부를 거는 다른 참가자만큼의 가창력을 겸비한 것도 아니었다. 기타를 들고 노래를 했으나 기타 실력도 그저 그랬다. 하지만 잘 아는 것처럼 버스커버스커는 꼴찌로 본선 무대를 밟았으나 결국 준우승으로 오디션을 마쳤다.

버스커버스커가 준우승을 할 수 있었던 데는 여러 이유가 있었겠으나, 가장 확실한 이유는 장범준의 편곡 능력에 있었다고 생각한다. 심사위원 윤종신이 말했던 것처럼, 그는 어느 노래를 편곡하던 완전 새로운 노래를 만들어 냈고, 자신의 꾸밈없는 목소리와 분위기가 가장 잘 살 수 있는 노래로 재탄생 시켰다. 그건 순전히 그의 재능이었고, 눈치 빠른 이들은 벌써 그의 활약을 기대하기 시작했다. 그리고 이듬해인 2012년 봄, 그의 재능은 제대로 빛을 보았다. 손수 작사 작곡한 1집 앨범이 발매된 것이다.

지금도 수작으로 손꼽히는 버스커버스커 1집의 모든 곡은 히트했는데, 마치 알맞게 찾아온 봄날씨가 작정하고 그들을 돕는 것처럼 날씨와 노래는 죽이 잘 맞았다. 그의 노래는 모든 사람에게 있는 가장 순수한 것들을 건드렸고, 그 감정을 모아내 선율에 펼치는 능력이 가히 환상이었다. 특히 대중이 특정 단어와 개념에 가지고 있는 애틋함을 음악적으로 풀어내는 능력이 좋았는데, 봄과 벚꽃을 소재로 한 '벚꽃 엔딩'이 그 대표적인 예라고 할 수 있겠다. 혹자는 지구 온난화가 계속되어 한반도에 봄이라는 계절이 사라지면, 우리는 후대에게 '벚꽃 엔딩'을 들려주는 것으로 봄을 설명할 수 있을 것이라고 말할 정도이니, 그가 노래로써 미친 영향은 가히 대단하다고 말할 수 있겠다. 한 청년의 스프

링 노트에서 시작된 노래는 그렇게 예술이 됐고, 문화가 되었다.

비록 버스커버스커의 활동은 멤버 개개인의 이유로 멈췄으나, 장범준은 계속 노래를 내고 있고 적재적소의 자리에서 사랑받으며 그의 문화를 이어가고 있다. 천안에서 대학교를 다니며, 연습장에 습작을 하던 20대의 젊은이는 누구나 아는 30대의 대표 싱어송라이터가 되었고, 봄이면 항상 순위권에 오르는 노래 한 곡만으로도 100억 가까운 수익을 올린 Young & Rich가 되었다. 이 모든 것을 가능하게 했던 건 그의 재능과 창의력이었고, 그는 문자 그대로 무에서 유를 창출한 예술가가 되었다.

그가 또 하나의 노래를 냈다. 그의 노래를 가만히 듣다, 나는 어쩔 수 없이 우뇌형 천재들에게 끌리는구나 생각한다. 고 이 회장이 좋아한 좌뇌형 천재가 20만을 먹여 살릴 수 있다는대, 장범준과 같은 우뇌형 천재도 그에 못지않다. 오히려 한 세대 이상을 아울러 공통의 공감과 문화를 만들어 내, 우리의 감성을 책임지니 그들도 공헌하는 바가 크다.

우뇌형 천재들은 문화의 최전선에서 그 시대와 세대를 특징짓는 걸작들을 내놓는다. 그들의 창의력과 같은 세대를 살아가며 작품을 즐길 수 있다는 건 분명 그 시대에 허락된 특권일 것이다. 장범준의 재능은 그의 인생에도 의미하는 바가 크겠으나, 그와 같은 세대를 살아가는 우리이게도 의미하는 바가 크다.

비 내리는 새벽 그의 노래를 듣는다. 이런 감성을 느낄 수 있게 해줌에 그에게 심심한 감사를 전한다.

87

스스로를 객관적으로 평가하는 일은 어렵다.

나는 나에 대해서 얼마나 정확하게 알고 있을까. 내가 생각하는 내 모습은 실제 내 모습과 얼마나 같을까. 일인칭으로 바라보는 내 삶은, 이인칭 그리고 삼인칭으로 바라보는 내 삶과 얼마나 같을까.

모든 인간은 타인의 평가를 피할 수 없다. 좋든 싫든, 우리는 한 시대를 동시에 살아가고 있는 누군가의 평가의 대상이 되고, 동시에 그를 평가하게 된다. 평가의 대상은 다채로운데, 무의식 중 빠르게 일어나는 크고 작은 평가까지 모두 합친다면 가히 스치는 모든 인연이 평가의 대상이라고 말할 수 있을 것이다.

평가는 크게 혹평과 호평이 있으며, 동일한 존재에 대해서도 혹평과 호평은 공존할 수 있다. 사람들은 보통 호평을 선호하고 혹평을 피하기 위해 무던히 애쓴다. 고래도 춤추게 한다는 칭찬을 싫어하는 사람은 없고, 반대로 비판이나 비평을 즐기는 사람도 없다. 어린 시절부터 칭찬에 길들여진 우리는 호평을 지향하고, 혹평을 지양하며 살아간다고 말해도 과언은 아닐 것이다.

평가는 한 인간이 자신을 바라보는 데도 지대한 영향을 미친다. 여기저기서 날아드는 '호평'에 둘러싸인 누군가가 본인을 보는 방식과 사방팔방에서 달려드는 '혹평' 속에 사는 누군가가 본인을 보는 방식은 다를 것이다. 물론 혹평과 호평을 가른 객관적 실체가 있겠지만, 평가는 그 실체를 바라보는 주관적 평가를 강화시킨다. 호평은 같은 결과를 더 좋게, 혹평은 같은 결과를 더 나쁘게 만드는 역할을 한다는 말이다.

나도 나를 평가한다. 자아를 가진 존재로서, 나를 하나의 평가 대상으로서 평가한다. 하지만 자기 자신에 대한 평가는 결국 타인의 평가로 회귀하는 경향이 있다. 호평이 많을수록, 나는 내게 호평을 할 가능성이 크고, 혹평이 많을수록 나 역시도 내게 혹평을 던질 가능성이 크다. 결국 내가 나를 평가하는 것이 아니라, '나'라는 이름을 빌려 다른 사람들의 평가를 다시 한번 되풀이하게 된다.

타인의 평가를 스스로의 평가로 오해하고 살다 보면, 당황하게 되는 순간들이 생길 수 있다. 생각보다 못한 실제 내 모습에, 반대로 생각보다 괜찮은 내 모습에 당황하게 되는 순간들이 있다. 칭찬 속에 만들어진 내 모습이 까발려진 객관적인 실체에 모자랄 때, 비판 속에 만들어진 내 모습이 객관적 실체에 앞설 때, 나는 나에 대한 판단이 잘못되었음을 느낀다.

나를 있는 그대로 바라보는 일은 어렵다. 내 양 귀에 쌓이는 타인의 혹평과 호평 속에서, 내 본연의 모습과 실력을 판단하는 일은 어렵다. 칭찬은 나를 들뜨게 만들고, 비판은 소극적으로 만든다.

나를 아끼는 이들의 칭찬 속에 살다, 몇 번의 익숙하지 않은 실패와 혹평에 좌절한 어느 날. 나는 나에 대해서 다시 생각하기 시작했고,

내가 생각하는 내 모습, 정확히 말하자면 타인의 혹평에 기대어 만든 내 자의식이 실제 내 모습과 괴리가 있다는 것을 알게 됐다. 그 어설픈 나의 자화상을 마주하는 일은 아픈 일이었지만, 나는 그제서야 나를 객관적으로 볼 수 있게 됐고, 나의 부족함을 명확하게 알게 됐다.

아프게 찾아온 현실 덕분에 나를 다시 보며, 진정한 의미의 성장을 도모하게 됐다. 인위적인 호평과 부풀려진 자의식을 깨고 민낯으로 나를 마주한다.

아마도 어른의 성장은 나를 있는 그대로 바라보는 데서 시작할 것이다. 나를 정확하게 바라보는 눈을 갖는 것이 성장의 또 다른 시작이다. 비록 괴리를 알아차리는 일이 괴롭더라도, 그 어둠을 지나야만 어른으로서 성장할 수 있다.

어설프게 어른이 되었다

88

이별을 알고도 정을 준다.

어머니를 닮아서 정이 많은 편이다.
다른 사람과 비교하여 얼마나 많은가 구체적인 수치로 말하긴 어렵지만, 정이 많은 편, 정이 없는 편
이 두 가지 부류로 단순하게 나눈다면, 전자에 가까운 사람이다.
나도 모르는 사이에 내 눈이 닿고 마음이 쓰이는 상대에게 정을 듬뿍 주고 있는 나를 발견할 때가 많다.
의도하지 않아도 자연스레 그렇게 될 때가 많다.

정이 많은 사람에게는 사람 냄새가 난다.
눈길이 가고 마음이 가는, 그래서 계속 맡고 싶은 사람 냄새가 난다. 그 냄새 때문에 나는 정이 많은 사람과 함께하기를 좋아한다. 정이라는 사람 냄새에 푹 파묻혀 있을 때, 인류애를 느끼고, 인간으로서의 아름다움을 느끼며, 따뜻함과 안정감을 느낀다.

나이를 먹으면서 점점 더 많은 사람을 만나게 됐다.
짧은 혹은 긴 인연들은 계속해서 찾아왔고, 삶은 만남과 만남으로 이어지는 것 같았다.

짧은 인연이든 긴 인연이든, 나는 함께하는 이들에게 정을 주었고,
함께했던 이들은 내게 정을 주었다.
정이라는 한 단어를 두고 서로의 맞은편에 서서 사람 냄새를 진하게 풍겼었다.

하지만 정을 준다는 것이 이별을 막을 수 있는 것은 아니었다.

만남 뒤에는 언제나 이별이 찾아왔다.

애써 붙잡아 두려 사력을 다했던 만남도, 마주치지 않기를 바랐던 만남도 결국 이별로 향하기는 매한가지였다.

나에게 이별은 언제나 어려웠다.

좋으면 좋은 대로 정이 들고 나쁘면 나쁜 대로 정이 들어버린 상대를 떠나보내는 건 언제나 마음을 소비시켰다.

떠나는 상대 뒤로는 항상 진한 아쉬움이 피어올랐다. 사람은 떠나도 그 사람이 뿜었던 정의 냄새는 쉽게 가시지 않았다.

신병 때부터 나를 챙겨 주던 선임이 전역하던 날, 나는 아쉬움에 허덕였다.

멀어지는 그에게 멀쩡히 손을 흔드는 다른 사람들 사이에서 나는 함께한 추억에 눈물을 흘렸고,

이윽고 정이 많은 사람은 감정적 손해를 본다는 생각도 했었다.

눈감는 날까지 만남과 이별은 끊임없이 이어질 텐데,

이렇게 사람에게 쉽게 정을 주고 이별마다 허덕인다면,

나는 정 없는 사람들보다 손해를 보고 있는 것이 아닌가.

나는 그런 생각을 했었다.

하지만 그날 이후로 꽤나 시간이 지난 현재도

나는 스치는 모든 인연에 나도 모르는 사이 정을 주고 있으며

이별 앞에서 항상 멈춰서, 빈자리를 서성인다.

정이 들어버리면, 그 헤어짐의 순간을 삼키는 것이 가시를 삼키는 것처럼 아프다는 것을 알면서도

나는 아직 상대와 정을 주고받는다. 아직도 사람 냄새를 풍기고 맡기를 주저하지 않는다.

정을 주면 줄수록 그 헤어짐이 아플 것을 알면서도 상대에게 정을 아끼지 않는다.
이별이 건넬 허전함과 쓸쓸함을 알면서도 심지어 그걸 손해라고 생각해 본 적이 있음에도,
발길이 마주친 상대에게 정이 든다. 내게 어른이 된다는 건 그런 것이다.

존중.

존중. 한 사람이 다른 한 사람을 만나, 서로의 그 사람이 되는 여정의 핵심이다.
서로를 마주하기 전까지, 아니 어쩌면 그 순간까지도 하늘과 땅의 거리만큼 다르게 살았을 두 사람이
보편과 막연함에서 벗어나 특별함과 애틋함으로 상대를 대하는 데, 존중은 필수불가결이다.

하지만 가끔 존중이 충돌할 때가 있다. 상대에 대한 존중과 나에 대한 존중이 충돌할 때다.
상대의 방향과 가치관 그리고 행복의 방법을 존중하는 것과 그걸 곁에서 지켜보며, 내 안에서 춤추는 감정을 존중하는 것의 충돌. 그 사람의 행복을 존중해주는 것과 섭섭함과 질투라는 이름의 내 애정을 존중하는 것.
그 둘은 충돌하고 또 충돌한다.

마음이 커지고 깊어 갈수록, 충돌의 불꽃은 커져만 가고, 고통은 행복과 한데 섞여 어지럽다.
불꽃을 온몸으로 받아 내는 나의 손은 아무것도 잡지 못하고 허공만 가르는 날이 이어지고, 어느 한쪽으로 치우칠 수 없는 아슬아슬한 마음의 줄타기는 애증으로 향한다. 너를 존중하는 곳에서 나를 존중하는 곳은 아득하고, 나를 존중하는 곳에서 너를 존중하는 곳은 온전치 않다는 생각에 애먼 운명만 탓한다.

결과에 닿지 못한 모든 노력의 흔적은
주변 사람들에게 남아 있다.

　모든 노력하는 자의 두려움은 확신할 수 없는 결과에서 비롯된다. 이 노력의 끝에서 나를 기다리고 있는 것이 무엇인지 알 수 없을 때, 사람들은 눈뜬장님이 돼, 한 발 내딛는 것에도 두려움을 느낀다. 노력이라는 것은 그 내딛는 발걸음에 실리는 무게일 텐데, 향하는 곳과 닿는 곳을 알 수 없으니, 무게를 더욱 실어 내딛을수록 두려움은 증폭된다.

　씨 뿌리고 거름 주며 갖은 노력 다해도, 항상 흉작을 걱정할 수밖에 없는 농부의 번민은 노력하는 모든 사람들의 것이다. 차라리 농사라면 콩 심은 데는 콩이 날 것이며, 팥 심은 데 팥이 날 것이라는 예상이라도 가능하지만, 세상 이모저모에서 각자가 재량껏 일구고 있는 밭에서는, 콩을 심어도 팥이 날 수 있고, 팥을 심어도 콩이 날 수 있다. 혹은 콩과 팥을 같이 심었는데, 아무것도 자라지 않을 수도 있다. 자연의 셈법이 통하지 않을 수 있다는 말이다.

　결과는 노력과 과정을 필요로 하지만, 야속하게도 모든 노력과 과정이 결과로 귀결되는 것은 아니다. 때로는 운처럼, 인간의 힘이 닿을 수 없는 곳에서 결과가 결정될 때도 있고, 애초에 바꿀 수 없는 결말로 향하는 노력도 있다. 운과 운명마저 노력하고 싶은 이들은 이 속수무책 앞에서 무너지고 또 무너진다.

하지만 그렇다고 해서, 맺어지지 못한 모든 노력과 닿지 못한 모든 의지가 흔적도 없이 사라지는 건 아니다. 인간의 가장 고결한 능력인 노력은 결과 없이도 온전할 수 있다고 나는 믿는다. 그리고 그건 사람을 통해서 가능하다고 믿는다.

금지옥엽의 마음으로 쌓은 노력들이 한순간 나를 외면할 때, 그 배신감에 몸도 마음도 공해질 때, 앞으로만 향하던 고개를 돌려 주의를 살펴보자. 그곳에 배신한 줄만 알았던 노력들이 빛나고 있을 것이다. 나를 둘러싼 사람들의 어딘가에서 빛나고 있을 것이다. 내게 끝없는 격려와 찬사를 보내는 한편, 미안함과 고마움을 동시에 느끼고 있을 부모님의 가슴에 내 노력은 빛나고 있을 것이며, 짧은 농담조로 던지는 위로에 깊은 의미를 실었을 친구들의 두 눈에서 요동치고 있을 것이고, 나의 가능성을 믿어주는 옆 사람의 품에 살아있을 것이다. 노력은 사라진 것이 아니라, 그 모습만 바꿔 그들에게 새겨져 있을 것이다.

불안과 미지를 노력과 의지로 맞서고 있는 모든 사람들에게 말해주고 싶다. 노력이 꼭 원하는 결과와 눈에 보이는 성과로 이어져야만 완벽한 것은 아니라고. 정말 소중한 것은 눈에 보이지 않는다는 어린 왕자의 말처럼, 어쩌면 당신을 배신했다고 느끼는 그 노력들이 더욱 소중한 것, 그래서 눈에 보이지 않는 것에 닿아 일렁이고 있을 수도 있다고. 주위를 한번만 돌아보면 알 수 있을 것이라고. 불안에 떠는 작은 어깨들에게 말해주고 싶다.

너무 두려워 말자, 지난날 숱하게 흘린 피와 땀이 설령 나를 특정한 세계로 인도하지 못해 좌절할지라도, 모든 노력의 순간이 사라지는 게 아니다. 다만 형태를 바꿔 다른 의미로 다가올 뿐이다.

이건 노력하는 모든 사람들에게 그리고 내게, 하고 싶은 말이다.

91

나이(늦은 나이 교환학생)

(브라질에서 교환학생으로 공부할 때)

이 일 저 일에 방황하다 다소 늦은 나이에 교환학생을 가게 됐다. 대학원 과정이 아닌, 학부생으로 이곳에서 공부하는 외국인들 중에는 거의 최고령이다. 상대적으로 어려 보이는 동양인들의 생김새 때문에 내 나이를 말하면 대부분 놀란다.

한국에 있을 땐, 나이를 먹을수록 갖춰야 한다고 생각되는 게 늘어났었다. 같은 나이 또래와 비교하여, 내가 가진 것이나 이룬 것이 평균에 미치지 못한다고 느껴질 때면 압박감을 느끼곤 했다. 그 압박감을 내 스스로 만든 것인지 아니면 사회가 만든 것인지 판단하기 위해선 더 많은 사색이 필요하겠지만, 26살은 25살보다, 25살은 24살보다 '객관적인' 무언가를 더 갖고 있어야 된다고 항상 생각했음에는 변함이 없다.

'객관적'이라는 딱딱하고 인간미 없는 단어 속에서 어쩌면 정말 소중한 것들을 놓치고 살고 있는지도 모르지만, 홀로 '이단아'로 살아갈 자신이 없기에, 압박감을 이겨내지 못하고 또래들에 발 맞추기에 바빴다. 그래서 나이를 먹는 게 두려웠던 것도 같다. 아직 준비가 안됐는데, 시간이 자비없이 흘러 이윽고 한 살을 더 선물하는 게 반갑지 않았다.

이곳에선 나이가 주는 '객관적' 압박감에서 잠시나마 해방될 수 있어 몸도 마음도 한결 가볍다. 더 많은 능력을 갖추고 있음을 의미하는 의무감과 평가의 잣대로써의 나이가 아니라, 더 많은 것을 경험했음을 보여주는 '주관적' 표식으로써의 나이는 전혀 버겁거나 무겁지 않다. 육체적으론 조금 버겁지만 말이다.

대외활동을 하던 중 만난 친구 한 명이 나와 같은 시기에 다른 곳으로 교환학생을 갔다. 그의 가장 큰 고민은 나이였다. 하지만 어쩌면 늦은 나이일 수도 있는 지금, 교환학생을 와 좋은 점 한 가지는, 내가 거쳐온 삶의 무대들이 오늘의 무대에 깊이를 더해 준다는 것이다. 누구나 손가락질할 만큼 세월을 허투루 보낸 것이 아니라면 앞서 보낸 시간이 지금 앞에 놓인 시간을 더욱 성숙하게 만들어 준다. 더 이른 나이에 이곳에 왔다면, 지금 브라질에서 느끼고 있는 만큼 느끼고, 배우고 있는 만큼 배울 수 있었을까. 지금보다 경험이 덜한 나이에 왔다면, 지금의 깊이 만큼 받아들이고 생각할 수 있었을까.

좋은 직업을 갖고 많은 돈을 버는 데, 지금의 경험이 얼마나 도움이 될지는 모르겠다. 취업 준비에 여념이 없는 친구들의 이야기를 들으면 조바심이 나는 것도 사실이니깐.

하지만 물질 이상의 삶을 좇는 지성인이라면 분명 도움이 될 것이라 믿는다. 설령 당장 호구지책을 마련하는 데 도움이 되지 않더라도, 분명 내 삶을 사는 덴 큰 도움이 될 것이라 믿는다. 너도 그곳에서 같은 생각을 하고 있는지 궁금하다.

싸워도 건강하게 싸운다.

가족이라고 싸우지 않는 게 아니고,
친구라고 다툼이 없는 게 아니며,
연인이라고 해서 충돌이 없는 게 아니다.

오히려 가족을 아끼는 만큼 싸우고,
친구가 소중한 만큼 다투게 되며,
연인이 애틋한 만큼 충돌하게 된다.

다만 가족이기 때문에 싸워도 서로를 아끼며 싸우고,
친구니깐 다퉈도 금방 화해할 수 있으며,
연인이기에 충돌해도 서로를 위한 해결책을 찾을 수 있는 것이다.

싸우고, 다투고, 충돌하지 않는 관계는 없다.
끊임없이 싸우고, 다투고, 충돌하길 반복해도, 언제까지나 건강한 방법으로
해결책을 찾을 수 있는 관계만 있을 뿐이다.
우리는 그 관계를 가족, 친구, 연인이라 부른다.

진정한 관계란
싸우지 않을 때 가능한 것이 아니라,
싸워도 건강하게 싸울 때 가능한 것이다.

나도 사실 네가 보고 싶었다.
떨어진 벚꽃 위에서.

몇 번을 치열하게 싸우고,
인정하고 싶진 않았지만 우리가 뛰어넘을 수 없는 한계를 인정해야만 했다.

한 동안 연락이 없던 너에게서 문자가 왔다.
너는 보고 싶다고 했다.

멈춰선 나는 진 벚꽃 위에 서 있었다.
절정의 아름다움을 이기지 못한 벚꽃들은 가장 낮은 자리에서 최후의 아름다움을 버티고 있는 것처럼 보였다. 한번의 만개는 짜릿했고, 흐드러짐은 고귀했지만 극으로 치달은 아름다움을 버티는 일은 쉽지 않은 일이었을 게다. 한 치의 오차도 없이 피어난 대로 아름다웠어야 할 벚꽃들은 결국 곤두박질 쳤다. 미의 극치를 버티지 못하고 낙화가 됐다. 져버린 꽃들은 그렇게 아름다움의 최후를 버티고 있었다.

아름다움의 종말을 버티고 있는 벚꽃처럼, 나는 우리의 최후를 버티고 있었다.
졌으나, 아직 눈부신, 우리의 최후를 버티고 있었다.

나는 대답하지 않았다.
흩뿌려진 벚꽃 위를 다시 걷기 시작했다. 슬프게 아름다운 벚꽃 위를 걸었다.

나도 사실 네가 보고 싶었다.

평범한 일상의 소중함을 깨닫는다.

그 모습은 달라도 우리는 모두 매일같이 살아가는 일상이 있다.
쳇바퀴 돌 듯 반복되며 내 인생의 근간을 이루지만,
큰 변화 없이 매일매일 살아가야 하는,
그래서 가끔은 지루하기도 한 일상이 있다.

매일같이 비슷한 시간에 같은 알람 소리를 듣고 일어난다.
어제 아침과 같은 표정으로 거울 속 나를 마주하며, 어제와 같은 칫솔로 이를 닦는다.
변함없이 같은 곳으로 향하는 지하철을 타고, 지난주와 다를 것 없는 사람들과 어울리며,
크게 달라진 것 없는 일을 하고 음식을 먹는다.
그렇게 지난달과 흡사한 이번달을, 지난주와 비슷한 이번 주를, 어제와 같은 오늘을 살아간다.

삶에 찾아온 새로운 변화도 기존의 일상과 맞물려 두어 번 구르면 금세 일상이 돼 버린다.
일상은 그렇게 새로운 것을 받아들이고, 변한 듯 변하지 않으며 삶의 가장 깊숙한 곳에 자리 잡는다.
인생은 평범한 하루의 집합체이고, 일상은 삶의 핵심이다.

하지만 크게 변하지 않고 반복되는 특성 탓에, 매일매일을 살아가는 우리가 일상에 갖는 마음은 밍숭맹숭하다.

그 중요도를 이루 말할 순 없지만, 너무나 익숙하기에 중요함을 모르는 햇빛이나 공기처럼, 평상시에는 일상의 소중함을 모를 때가 많다.
그래서 종종 일상은 따분하고 재미없으며, 지루하다.
우리는 자주 일상을 떠나 새로운 것을 갈망하며, 여행을 떠나고 일탈을 감행한다.

살아가다 보면 예상치 못한 혹은 예상한 일들로 삶이 삐걱거릴 때가 있다.
원하는 방향으로 삶을 이끌어 가려고 해도 시련의 장애물 때문에 나아가는 게 어려울 때가 있다. 건강, 재정 문제와 같은 거친 삶의 파도가 밀려올 때, 순항하던 일상은 흔들릴 수밖에 없고, 심한 경우에는 전복되고 침몰한다.
일상은 난데없이 찾아오는 고난과 역경 앞에서, 무너지기 쉬운 모래성이다.

그렇게 반갑지 않은 역경에 휩쓸릴 때, 우리는 일상의 소중함을 알게 된다.
별생각 없이 보냈던 지난날의 일상이 얼마나 값진 것이었는지 알게 되고, 고난을 이겨내려는 내 발걸음이 간절하게 향하는 곳이 잃어버린 나의 일상이라는 것을 알게 된다.
따분하고 지루했던 일상이 실은 내가 가장 평화롭고 행복했던 순간임을 깨닫게 되는 것이다.

무슨 이유에서든 일상을 잃어본 사람은 안다.
따분한 일상을 살아가는 일이 얼마나 값진 일인지.

가끔은 별생각 없이 하루하루를 살다가도, 평범하고 소소한 일상에 감사하는 순간이 찾아온다.
영락없이 창으로 찾아온 오늘의 햇빛과 사랑하는 이와 나누는 소소한 점심과
피곤한 몸을 누일 수 있는 익숙한 침대에 진심으로 감사하는 순간이 찾아온다.

너무나 익숙해 가끔은 따분하기도 하지만, 결국 가장 값진 것. '일상'을 설명할 때 필요한 수식어가 아닐까 싶다.

어설프게 어른이 되었다

소녀 같은 할머니.

리조트에서 아르바이트를 할 때의 일이다.

프론트 데스크에서 손님을 맞고 있었다. 점심으로 먹은 음식들이 멀어져 가고, 잠이 가까워 오는 시간이었다.
여느 때와 달리 로비는 한산했다. 햇빛은 로비 전면에 자리한 통유리 창문 위에서 작렬하고 있었다.

한복을 곱게 차려입으신 성성한 백발의 할머니 한 분이 들어오셨다. 작고 동그란 어깨가 앙증맞았고, 빗어 넘긴 머리가 고왔다. 창문 아래로 쏟아지는 햇빛과 할머님은 마치 하나인 것처럼 자연스러웠다.
작고 조용한 걸음의 할머니는 내 앞으로 오셨다. 아들 내외가 방을 예약했다며, 예약번호를 들이미셨다. 번호를 확인하고, 원하시는 층수를 여쭤 방을 배정해 드렸다.
할머님께 키를 드리며, 한복을 입으신 모습이 참 고우시다고 말했다. 할머님이 고맙다며 수줍게 웃으셨다. 그 모습이 부끄러움 많은 소녀 같으셨고, 미소는 시간을 뛰어넘어 사시사철 피어 있는 꽃처럼 맑았다.

어쩌면 시간이 몸에는 흔적을 남겨도, 마음에는 아무런 흔적을 남기지 않을 수도 있겠다. 여전히 소녀 같은 미소를 갖고 계신 할머니를 보며 그런 생각을 했다. 멀어져 가는 할머님의 발걸음마다, 꽃 향기가 스미는 것 같았다.

파랗고 빨간 노을.

도서관에서 과제를 하고 있었다.

창문 밖으로 석양이 지고 있었고, 노을은 빨갛게 퍼져 있었다.

몸을 돌려 바라본 하늘 저편은 붉었고, 나와 가까운 하늘은 파랬는데, 여기이 파란 하늘이 저기 붉은 하늘로 이어지며 물들어 가는 색의 변화는 전혀어색하지 않았다.

여기 파랑과 저기 빨강 사이에는 미묘한 차이를 견지한 색들이 깊이가 다른바다처럼 퍼져 있었다. 나는 나의 기준으로 그 색들을 나눴고, 이름을 붙였다. 덜 파란 색, 파랗다가 만 색, 시퍼런 색, 죽은 피 같은 색, 주황색, 오렌지색, 불그스름한 색…

몇 번을 못 가, 내 형용 능력은 한계를 드러냈고, 눈으로 인지하는 색의 차이를 언어로 치환하지 못했다. 인지와 표현 사이에서 이성적 사고와 판단은어색했고, 어리석었다. 나는 감히 위대한 자연의 향연을 인위적으로 분절하여, 비천한 언어로 명명이나 하고 앉아 있었다.

장엄한 자연의 색채 앞에서 내 능력의 속절없음을 절감했을 때, 내가 갖고있던 파란색의 개념과 빨강색의 개념은 얽히고설키어 하나가 됐고, 파란 것은 붉게 보였고, 붉은 것은 파랗게 보였다. 거기서 나의 이성적 판단과 분석을 위한 인위적 노력은 멈췄다.

노을은 절정으로 치달으며, 파란 것과 빨간 것의 명멸을 부추겼고, 절정에다다랐을 땐 찬란하게 사라졌다.

석양이 타는 노을은 그 자체로서 완성된 것이었고, 전체로서 아름다운 것이었으며, 하나여서 장대했다. 파란과 빨강이라는 두 개의 이질적인 색이 하나의 노을에서 어우러질 때, 둘은 하나였다.

본래 하나로 존재하는 것들을 부정하고, 내 입맛대로 부분만 취하길 좋아하는 내 눈앞에서 노을은 보란듯이 하나로서 최고의 아름다움을 선사하고 있었다.

97

예측할 수 없는 인생이기에 사는 게 설렌다.

2005년 스티브 잡스는 스탠퍼드 졸업식에서 연설을 했다. 그는 연설에서 크게 세 가지 내용을 전달했는데, 그 첫 번째가 connecting the dots(다양한 점을 이어라)이었다. 우리는 미래를 보면서 점을 이을 수 없고, 과거를 보면서만 점을 이을 수 있다고 말했다. 미래를 보며 판단하는 것은 불가능하지만, 과거를 돌아보며 내가 했던 일들(점)을 잇는 것은 가능한 일이라고 말한 것이다.

유복하지 못했던 환경 탓에 대학을 그만둔 그는 어떠한 확신도 없이 단지 자신의 궁금증과 마음의 울림만을 따라서 움직였고, 이윽고 애플이라는 위대한 업적을 이루었다. 그는 학교를 그만둘 당시 겁이 났고, 본인의 선택에 대한 확신이 없었다고 한다. 하지만 시간이 흐르고 다시 돌아봤을 때 대학을 그만둔 것은 자신이 한 선택 중 최고였다고 말했다.

신이 아니고서야 어느 누구도 미래를 정확히 예측할 수 없다. 걷잡을 수 없이 흘러버리는 시간은 어디서 와 어디로 향하는지 알 수 없어 우리는 불안하다. 인간은 이를 해결할 심산으로 시계도 만들어 냈지만, 그것은 그저 미봉책에 지나지 않았다. 우리는 변수를 최대한 줄이고 자신의 손아귀에서 미래를 다룰 수 있도록 치밀하게 계획을 짜지만, 어느 누구도 미래를 장담할 수는 없다. 우리 삼촌이 늘 말하듯, 예상한 대로 움직이는 것은 아무것도 없다.

하지만 예측할 수 없다고 해서 불안하기만 한 것은 아니다. 스티브 잡스의 예처럼 어느 순간 과거의 점들이 이어져 어떤 결과물이 탄생할지 모르니, 예측할 수 없다는 말은 예측할 수 없는 재미이자 기대일 수도 있다.

이미 결말을 알고 보는 영화는 재미가 없고, 결과가 예정된 운동 경기는 볼 이유가 없으며, 우승자가 누군지 알고 보는 오디션 프로그램은 톱 들지 않는 오디션 프로그램만큼 재미가 없을 것이다. 사는 것도 마찬가지가 아닐까. 한 사람의 생애가 고정되고 예측가능한 것들로만 채워진다면, 어디 살아갈 재미가, 하루하루를 노력과 열정으로 물들일 에너지가, 한 사람을 내 사람으로 만들어 갈 노력이 솟아나겠는가.

선택은 본인의 몫이다. 아무것도 없는 새 하얀 도화지 앞에서 무언가 그려낼 수 있다는 생각에 설렐 것인지, 아니면 무엇을 그릴지 몰라 막막할 것인지. 어차피 인간의 능력으로 예측할 수 없는 세상이라면, 긍정적으로 생각하는 편이 낫지 않을까. 지금의 한 걸음과 의도치 않은 뒷걸음에 허덕일 것이 아니라, 언젠가 다 내게 도움이 될 것이라 생각하고 일단은 매 순간의 떨림과 노력에 집중하는 게 낫지 않을까.

염세주의자들은 극도로 싫어하겠지만, 나는 사는 것이 설렌다. 새로운 것을 시도하며 실패도 하고 성공도 할 수 있어 사는 게 즐겁다. 계획대로 살아지는 삶은 결코 아니지만, 잃어버린 줄만 알았던 길 위에서 또 다른 길을 모색하고 그 길 위에서 또 다른 배움과 행복을 쟁취할 수 있는데, 어찌 설레지 않을까. 낭떠러지라고 생각했던 곳이 오아시스가 되는 경험과 비단길인 줄만 알았던 길이 가시밭길이 되는 경험을 하며,나는 삶은 예측할 수 없기에 사는 재미가 있다고 말하게 됐다.

스티브 잡스가 말했듯이 어떤 상황을 맞닥뜨렸을 때, 우리는 그 일이 여남은 인생에 어떤 영향을 줄지 알 수 없고, 이 사실은 제법 두렵다. 하지만 어느 순간 뒤를 돌아봤을 때 과거의 내 점들이 하나로 이어져 그럴싸한 결과물이 만들어질 수도 있기에, 나는 희망을 품고 웃어본다. 어차피 예측할 수 없는 인생을 잘 살기 위해 필요한 건, 모든 가능성을 반영하여 만들어진 최고의 계획이 아니라, 어떤 상황 속에서도 나 자신을 잃지 않고 주어진 일에 최선을 다할 수 있는 정신과 마음가짐이다. 지금 당장에는 잘 보이지 않아도, 언젠간 빛을 볼 것이라 생각하며 우직하게 걸으면, 우리도 그 사과 아저씨만큼 멋진 인생을 살 수 있을 것이라 믿는다.

어설프게 어른이 되었다

98

대국이 끝났다.

대국이 끝났다.
우연한 기회에 서로의 맞은편에 앉게 된 두 남녀의 대국이었다.
서로의 수를 파악하기 위해 조심스럽게 한 수 한 수 두었다.
이윽고 최선을 다해야 할 자리임을 느끼고는,
흰 돌과 검은 돌 그리고 남과 여는 최선을 다해 치열하게 맞붙었다.
수세와 공세를 번갈아 가며, 껴안고 부딪혔다.
웃었고 또 울었다.

대국은 끝나지 않은 듯 끝났다.
아무도 지지 않았고, 아무도 이기지 않았다.
다만 아쉽고, 다만 지쳤을 뿐이다.

아직 놓고 싶은 바둑돌은 서로의 손안에서 여전하지만,
서로가 울고 웃으며 놓았던 돌들은 바둑판 위에 그대로지만,
그저 꼭 움켜쥘 뿐이다. 바둑돌이 부서지지 않을 정도로만.

대국은 끝났지만, 두 사람은 아직 바둑판을 떠나지 않았다.
고개를 숙여, 복기를 한다.
신의 한 수는 무엇이었고, 패착은 무엇이었을까.
돌을 놓던 손가락은 무슨 생각이었을까.

엄습한 겨울이 여전히 아름답다.

끝나지 않은 듯 끝나버린 바둑판을 바라보며,
복기를 이어간다.

이 복기가 대국의 끝을 붙잡아 둬 서로를 붙잡고 있길 바라며,
놓은 검은 돌과 하얀 돌을 하나씩 곱씹어 본다.
지나가 버린 우리의 대화를 곱씹어 본다.

어설프게 어른이 되었다

99

선택하는 것이 두려운 이유는.

갑작스럽게 짜증이 몰려올 때가 있다. 무기력해지면서 모두 다 집어 던지고 싶을 때가 있다. 외로운 건 덤이다. 심할 땐 숨이 턱턱 막히고, 좋아하는 고기반찬 앞에서도 구미가 당기지 않는다. 머리가 도는 건지 세상이 도는 건지 아니면 같이 도는 건지, 도무지 알 수가 없다. 알려 할수록 반대로 더 알 수 없어진다. 이 불편한 감정들을 내가 아닌 다른 이에게 전적으로 덮어씌우고는 속이 후련하게 욕도 해 주고 싶고, 있는 힘 없는 힘 다 모아서 때려 주고도 싶다.

이따금 기분이 무진장 좋아질 때가 있다. 입이 귀에 걸리겠냐만, 마치 그게 가능한 것처럼 미소가 번질 때가 있다. 이 얼마나 살 만한 세상인가 노래를 부르고, 발걸음이 가벼워진다. 평소였으면 골몰할 문제들에서 순간적으로 자유로워진다. 입안으로 들어오는 물이 달고, 코와 입에 들이닥치는 공기가 향기롭다. 세상은 역시 웃는 자와 함께 웃는다는 생각이 머리를 비집고 들어오는 것이 싫지 않다.

내 감정은 때로는 무너져 내린 탄광처럼 어둡고 깊다. 하지만 때로는 맑은 날의 구름처럼 높고 가볍다. 낮과 밤이 끊임없이 번갈아 세상을 지배하듯, 내 기분도 양극단에서 놀아난다. 휘영청한 달도 섬광의 태양도 나에겐 모두 익숙하다. 다만 내가 익숙하지 않은 것은 두 감정 사이에서 내려지는 나의 선택들과 그 선택의 결과로써 마주하는 현실들이다.

　어두운 결정은 태양 아래 낯설고, 밝은 결정은 달 아래 어색하다. 의도한 결과들은 변질되고, 예측한 상황들은 빗나가고, 선택과 결정들은 서로 충돌한다. 이 일련의 과정 속에서 실패는 성공으로 성공은 실패로 둔갑한다. 실패는 성공의 어머니라는대, 그 실패의 어머니는 성공인가 보다.

　때때로 내 두 손과 두 발로 만들어낸 행복의 시간은 슬픔과 고통으로 나를 다시 옥죈다. 좌절과 눈물의 기억들은 잔인하게도 나를 다시 미소 짓게 만든다. 내가 언제 힘들어했는지, 언제 기뻐했는지 새까맣게 잊게 할 만큼 변화는 빠르다.

　그래서 무언가를 결정하는 일이 무섭다. 내가 호기롭게 쏜 화살이 돌고 돌아 내가 사랑하는 무언가를 혹은 나의 심장을 관통할지 모르니깐 말이다. 밝은 날 내게 날아든 파랑새가 어두운 날 프로메테우스의 독수리가 될지도 모르니깐 말이다. 그래서 선택을 하고 결정을 내리는 일이 무섭다.

　밤이 깊을수록 새벽은 가까워져 오고, 날은 밝을수록 어두워진다. 겨울이 가고 봄이 왔듯, 봄이 가면 어김없이 겨울이 찾아온다. 어제의 행복은 오늘의 슬픔으로, 오늘의 슬픔은 내일의 기쁨으로 변하는 이 세상에서 나는 끊임없이 표류하며 흔들릴 뿐이다.

　　　　　　　　　　　　　　　어설프게 어른이 되었다

젊음과 청춘 뒤에 나를 기다리고 있는 것.

나는 여러모로 부족하고 결핍이 많다.
미숙한 것 투성이고 실수도 이만저만이 아니다.
미흡하고 어색하며 어수룩하다.

'젊다'라는 말은 이 모든 아쉬운 수식어들 앞에서, 나를 지켜 준다.
불만족스러운 내 모습으로부터 내 자존심과 자존감을 지켜 준다.
나는 아직 어리니깐.

젊음이라는 말 안에는 모든 것을 극복해낼 수 있는 에너지가 용솟음치고
있고,
청춘이라는 말 안에는 미생에서 완생으로 치달을 가능성이 숨쉬고 있다.
젊음과 청춘이라는 창과 방패를 든 나는, 드넓은 전장에 진을 치고 있는 수
많은 미완의 수식어들과 불만족에 기백 있게 맞설 수 있었다.

나는 아직 젊기에 가난한 것이었고, 나는 아직 어리기에 모르는 게 많을 뿐
이었다.
처음 해보는 일이니 당연히 어색한 것이었고, 아직 제대로 준비를 하지 못했
으니 결과는 아쉬운 것일 수도 있었다.
결과가 맘에 들지 않고, 내 살림살이가 불만족스러우면 다시 시작하면 됐다.
젊음은 내게 유예할 수 있는 여유를 주었고, 다시 도전할 수 있는 기회를 주
었다.

하지만 나를 지켜 주던 젊음과 청춘이라는 창과 방패가 세월의 비바람 앞에서 녹이 슬고 날이 무뎌지기 시작했다. 아직 적들은 지천에서 매섭기만 한데, 내 창과 방패는 예전만 못하다.

원하는 바에 닿지 못해 애처로워하던 나를 달래던 청춘의 특권과,

불만족을 넘어 만족을 향해 달리던 젊음의 에너지에는 유효기간이 있었다.

생생하던 눈동자 주위로 익숙하지 않은 주름들이 하나둘 모습을 드러낼 때, 나의 창과 방패는 나를 지켜주기에 버겁다.

과녁에 닿지 못한 화살은 어쩌면 '아직' 닿지 못한 것이 아니라, 닿을 수 없는 것일 수도 있다.

피어나지 않은 꽃봉오리는 어쩌면 '아직' 피어나지 않은 것이 아니라, 피어나지 않을 수도 있다.

나의 화살은 과녁에 닿을 수 있을지,

나의 꽃봉오리는 만개하여 절정의 아름다움을 뽐낼 수 있을지

내 두 눈으로 확인해야 할 시간이 오고 있다.

마주하기 두려워, 젊음과 청춘 뒤에 숨어 가늠하기만 했던 현실을 마주해야 할 시간이 잔인하게 찾아오고 있다.

어른이 된다는 건 이 잔인한 과정을 피하지 않고, 젊음과 청춘 뒤에 무엇이 나를 기다리고 있을지 확인하는 일이다.

매섭게 달려드는 수많은 적 앞에서 나는 과연 온전할 수 있을지, 나는 과연 이 전장을 걸어 나가 완성의 길로 걸어갈 수 있을지. 직접 확인하는 일이다.

아무리 피하고 싶어도 피할 수 없는 그 순간이 나를 찾아오고 있다.

어설프게 어른이 되었다

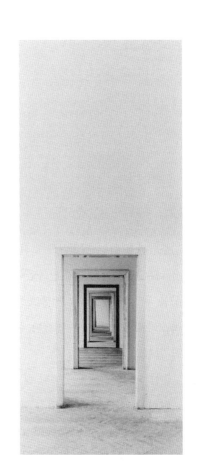

Epilogue

　소방관을 하는 덕현이에게 전화가 왔다. 특별한 목적 없는 그냥 일상을 나누기 위한 안부의 전화였다. 나는 뭐하나 특별할 것 없는 나의 일상을 무심한 목소리로 전했고, 그의 안부를 물었다. 그 역시도 무심한 목소리로 그의 일상을 전했다. 특별할 것 없는 평범한 일상의 반복이라고 말했다.

　"어른이 되면 뭔가 특별한 삶이 펼쳐질 줄 알았는데, 별 거 없네."

　전화를 끊기 전 그가 던진 말이 머리에 맴돈다. 그도 나처럼 평범한 어른의 삶을 살고 있었다. 매일의 일상을 살아가고, 무사히 마친 하루에 안도하는 평범한 삶.

　'어른이 된다는 것'은 무슨 의미일까 고민했다. 하지만 그런 고민이 무색할만큼 어른이 된 삶에 큰 변화는 찾아오지 않았다. 일상은 반복됐고, 나는 여전히 어설펐으며 하나도 멋지지 않았다. 그래서 사회가 인정하는 어른이 됐음에도, 스스로를 어른으로 여기지 않았었다.

　그러나 세상은 그런 내 마음을 아는지 모르는지, 표면적으로는 어른이 된 나에게 여러 책임과 의무를 부여하기 시작했다. 어른이라면 으레 그래야 한다며 반론의 여지를 주지 않았다. 나는 아직도 어설픈데 말이다.

어찌어찌 등살에 밀려 어른의 삶을 살아가고 있다. 만약 어른에도 초보가 있다면, 내가 그 초보 어른이지 않을까 싶다. 어설픈 초보 어른 말이다.

나만 어설픈 어른이 된 것은 아니며, 나만 보통의 삶을 살게 된 것은 아니라는 걸 알게 됐다. 모두 다 어른이 되지만, 누구도 쉽게 어른이 될 수는 없었다. 처음 사는 삶이고 처음 겪는 나이인데 어찌 어설프지 않을 수 있을까.

어른이 된 내 삶에 펼쳐진 작은 일상과 생각들이 꼭 나만의 것이라 생각하지 않았다. 이 시대를 살아가는 어른이라면 누구나 나와 비슷한 일과 생각을 겪지 않을까 생각했었다. 그 생각이 시발점이 되어, 이야기를 묶어 내게 되었다.

끝까지 읽어 주셔서 감사합니다. 부디 어설프게 어른이 된 저의 이야기가 당신에게 공감과 유대로 읽혔길 바랍니다.

책을 내는 데까지 수많은 사람들의 도움을 받았습니다. 살면서 한번이라도 저와 시간, 장소를 공유한 사람들의 흔적과 자극이 모여 글이 됐을 테니, 이름을 전부 열거할 순 없어도 그 모든 사람들에게 고마움을 전하고 싶습니다. 특별히, 투고한 원고를 흔쾌히 허락해주신 가나북스 배수현 대표님과 편집진들에게 감사드립니다.

꼭, 집고 넘어가고 싶은 사람들이 있습니다. 먼저 책을 쓰면서 변덕이 심해졌던 저를 한결같이 아껴준 어머니, 누나, 매형에게 고마움을 전하고 싶습니다. 그리고 저게 과연 책이 될까 싶은 의심에도 불구하고 가까운 거리에서 저를 믿어 주고 밀어준 그녀에게도 고마운 마음을 전합니다.

마지막으로 씩씩하게 살아갈 것을 당부했던, 그리운 나의 아버지께 아들의 첫 책을 바칩니다.

김 기 수

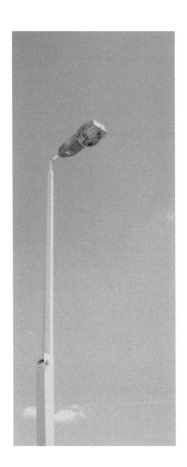

어설프게 어른이 되었다

초판발행일 | 2021년 11월 10일

지 은 이 | 김기수
펴 낸 이 | 배수현
표지디자인 | 유재헌
내지디자인 | 박수정
제 작 | 송재호
홍 보 | 배예영
물 류 | 이우길, 이진주

펴 낸 곳 | 가나북스 www.gnbooks.co.kr
출 판 등 록 | 제393-2009-000012호
전 화 | 031) 959-8833(代)
팩 스 | 031) 959-8834

ISBN 979-11-6446-041-0(03110)